U0488979

重新发现大学

吴康宁 著

南京师范大学出版社

图书在版编目(CIP)数据

重新发现大学 / 吴康宁著. —— 南京:南京师范大学出版社,2017.9
 ISBN 978-7-5651-3313-8

Ⅰ.①重… Ⅱ.①吴… Ⅲ.①大学生－学校管理－研究 Ⅳ.①G641

中国版本图书馆 CIP 数据核字(2017)第 084133 号

书　　名	重新发现大学
著　　者	吴康宁
责任编辑	张　文　王书贞
出版发行	南京师范大学出版社
地　　址	江苏省南京市宁海路 122 号(邮编:210097)
电　　话	(025)83598919(总编办)　83598412(营销部)　83598297(邮购部)
网　　址	http://www.njnup.com
电子信箱	nspzbb@163.com
照　　排	南京理工大学资产经营有限公司
印　　刷	江阴金马印刷有限公司
开　　本	787 毫米×960 毫米　1/16
印　　张	8.75
字　　数	138 千
版　　次	2017 年 9 月第 1 版　2017 年 9 月第 1 次印刷
书　　号	ISBN 978-7-5651-3313-8
定　　价	29.00 元

出 版 人　彭志斌

南京师大版图书若有印装问题请与销售商调换

版权所有　侵犯必究

自序

作为一名教育研究人员,笔者虽然并不专门研究大学教育,但因为供职于大学、栖居于大学,所以,对我国大学的现状及与之相关的社会现状有着切身感受。

笔者当然不是一个虚无主义者,对于我国大学的成就从来不敢、也不会视而不见。但坦率地讲,如今我国的大学问题之多、之重,人们对于大学的不满之多、之深,早已让任何即便是真诚的赞颂与辩护也常常显得苍白无力。要不然,"钱学森之问"也不会成为民众之问,高中毕业生"用脚投票"出国留学的现象也不会持续有增无减。

为此,近十年来,笔者冒着被大学实践界与学术界的行家们吐槽的危险,利用在一些论坛、研讨会上发言的机会,间或闯入一下大学领域。笔者给自己规定的任务,自然不是对大学已有成绩评功摆好,因为这件事已有许许多多的大学人和非大学人坚持不懈地高调做到如今。笔者所关注的是大学存在的问题,是对大学存在的真实问题、产生这些问题的真正原因以及解决这些问题的可能方略,提出自己的判断、分析及建议。笔者以为,从某种意义上讲,这件事比起评功摆好来要重要得多。

当然,对于这件事,同样已有许多大学人和非大学人坚持不懈地高调做到如今。而笔者既然也做这件事,就总想能尽量和别人有所区别:或者是谈点别人没有谈过的问题,或者是讲点别人没有讲过的观点,或者是用点别人没有用过的逻辑,或者是提点别人没有提过的建议,甚至,哪怕是使用一点别人没有使用过的表达方式……若非如此，便会既浪费读者的宝贵时间，也浪费笔者并不宝贵的生命时光。

所有这些，自然都是为了一个目标：希望中国的大学能真正像个大学！请原谅，笔者这里没有套用一种惯常表达，说希望中国的大学办得"更好"。因为，在笔者看来，当下中国的大学还真的谈不上已经办得"很好"或者"好"，以至于竟能底气十足地把紧接下来的发展阶段称之为"更好"。

事实上，大概从二十世纪九十年代初开始，就有越来越多的大学人士乃至社会各界的有识之士不断发出警告，指出我们的大学越来越像官场、像商场、像标准件生产工厂，唯独不像大学，他们提出首先得使我们的大学像个大学。窃以为，这真的是个底线要求。倘若连这个底线要求都达不到，所谓中国特色大学、所谓高水平大学、所谓世界一流大学云云，全都免谈！

以笔者在大学工作、生活三十多年酸甜苦辣的亲身体验，对于上述警告唯有严重赞同。相信其他许许多多的大学人会有相当共鸣，并相信其他更多的非大学人也不会持有太多异议。这完全不需要通过什么大规模严谨规范的问卷调查来证实。毕竟，这世界上并非所有的怪事、怪现象都必须通过大规模严谨规范的问卷调查来证实。

这意味着，不管你承认也好，不承认也罢，我们的大学其实都面临着一种"重建"的挑战。在办学理念、培养目标、体制架构、运行机制、教育方式以及评价手段等诸多方面，我们的大学都需要进行"动真格"的锐意改革乃至根本改造。

无疑，大学的重建绝不仅仅是大学自家的事情。由于大学本身就是社会的一个组成部分，尽管是一个特殊的组成部分，因而大学的许多问题其实是社会问题在大学这个特殊场域中的反映。就此而论，对于大学所存在的此类问题的解决，也就有了一点"解铃还须系铃人"的味道。讲得更直白一点，对于大学存在的许多问题，社会都难辞其咎；对于这些问题的最终解决，社会都难避其责。

不过，这绝非表明，大学便因此而可把自身的责任撇得一干二净。这也是要特别说明的。对于这一点，法国著名社会学家皮埃尔·布迪尔（Pierre

Bourdieu)关于场域中的"共谋"理论或许具有相当的解释力。

　　作为重建大学必不可少的基础一环,首先应当是"重新发现大学"。重新发现大学,也就是要真正静下心来,真诚地、实事求是地反思一下我们的大学到底是哪里出了问题,根由究竟在何处,真正意义上的大学到底应该是何种模样。

　　这本小集或可视为这种"重新发现大学"之旅中一个小小的组成部分,一种微不足道的努力。书名虽为"重新发现大学",但所讲内容没有、也不可能涵盖大学的一切,而只是从这些年来笔者围绕"重新发现大学"这个话题所作的各种发言中,抽出似乎能与别人所讲有所区别的那些来,汇编成集。笔者当然期盼读者看后不会觉得里面所讲的别人全都已讲过,毫无新意可言。那会让笔者无言以对。但究竟成效如何,还得由读者评判。因此,真诚期盼读者的批评。

　　南京师范大学出版社戴联荣副总编辑精心策划,张文编辑与王书贞编辑费心协调与编辑,使得小集能以现在这样的形式问世。韩月、石亚兵、杜连森将部分讲演的视频或音频文件转录为文字,费了不少工夫。一并由衷致谢!

　　是为序。

吴康宁
2016年10月30日于金陵天地居

目录

自 序	/ 1
创新人才培养需要什么样的大学	/ 1
我国建设现代大学制度需要哪些前提	/ 20
为什么世界一流大学建设应当放眼世界	/ 29
为什么大学校长领导力普遍低下	/ 37
政府官员在学校改革中扮演着怎样的角色	/ 47
中国教育改革困在何处、路在何方	/ 61
研究生与导师应当是怎样的关系	/ 86
担任研究生导师意味着什么	/ 119
如何当好学科带头人	/ 126

创新人才培养需要什么样的大学

各位同学、各位老师：

大家上午好！

高金岭院长给我一个任务，要我来参加这个论坛。我当时很高兴，因为在这样一个高层论坛上来谈"高端人才的使命"，是一项多么光荣的任务！所以就很激动，一激动就激动了好长时间，(笑声)结果把自己要做发言准备的事搞忘了。(笑声)一直到了临来之前的两天，才想到真的要做点准备。可是一做准备，发现糟了，觉得这件事情真是上了个大当！因为要我谈高端人才，可是我自己还不是个高端人才，怎么谈？就好像一个连英语 26 个字母还没认全的人，却在夸另一个人，说那个人的英语讲得很好，(笑声)这就很搞笑了。

为什么要谈"创新人才培养"问题

究竟什么叫做"高端人才"？我想来想去没有想明白，查了半天词典没有查到定义，上网搜索，也搜不出个一二三四五来。我想，如果是一所小学，你说

1

它培养高端人才,这个肯定说不通。说中学培养高端人才,它也没这个底气。所以应当是大学。但这样一来,不就跟学历层次有关了吗?对不对?小学毕业、中学毕业、大学本科学历、硕士生学历、博士生学历,等等。但难道说学历层次越高,就越是高端人才吗?好像不能这么说,因为如果是这样的话,问题就会变得非常简单,就不存在一个所谓培养的问题了,我们只要不断扩大高等教育规模就行了,只要不断扩大硕士研究生规模、不断扩大博士研究生规模就行了。这显然是说不通的。所谓高端人才,它同有没有受过高等教育、有没有获得博士学位没有什么必然联系。华罗庚只有初中学历,莫言的正式学历只有小学五年级,你说他们是高端人才还是低端人才?

所以,并不是所有大学都能培养高端人才的。那么,是不是只有名牌大学才能培养出高端人才呢?好像也不好说。是不是北大、清华就能培养出高端人才了呢?能不能说一所大学在中国大学中的地位越高、名声越大,它所培养的就越是高端人才呢?这样的逻辑好像还是说不通的,因为如果是这样的话,那就只要扩大北大清华的招生规模就行了。高端人才,它同是否毕业于名牌大学这一点应该也没有必然联系。我们知道,著名杂交水稻专家袁隆平是西南农学院毕业的。而且,可以顺便提一下的是,据说北大、清华真正顶尖的毕业生大部分都跑到西方发达国家去了,他们是在那些国家在为我们伟大的中华人民共和国打工。(笑声)

既然高端人才同学历层次之间没有什么必然联系,同是否毕业于名牌高校没有什么必然联系,同是否毕业于北大、清华也没有什么联系,那么,是否同职位高低有关呢?是不是职位越高,就越是高端人才呢?好像也不是,因为如果是这样的话,那高端人才的产出方式也就很简单了。比方说,官二代们很容易得到高职位,那么,只要对身居高位的领导者的子女们来一点所谓素质教育就可以了,也就是只要告诉他们如果当官的话,不要太贪就可以了。比方说,富二代们也很容易得到高职位,那么,只要对富豪的子女们来一点所谓素质教育,然后再给他们配上能干的助手就可以了。比方说,跟领导关系好的人很容易得到高职位,那么,只要向人们传授如何接近和巴结领导的技巧就可以了。但这些显然都不对,高端人才说的显然不是这些意思。所谓高端人才,它同是否身居高位也没有关系。即便你是个省长、部长也没用。你如果昏庸无能、碌碌无为,那也不是我们所说的"高端人才"。要不然,那些昏官、贪官不都成了高端人才了!对不对?

这样一来,事情就比较麻烦了,因为我们谈论一件事情,首先要把这件事情的根本搞清楚。而我实在不清楚所谓"高端人才"究竟是什么意思。所以,我想来想去,觉得既然高端人才同学历层次、同毕业学校、同所居职位都没有必然联系,那就意味着它的评价标准不是虚名,而是干货,是真的能够在他所从事的工作中作出实实在在的成绩的人才。

但是,这样来理解好像还是不行。我们总不能说所有在自己从事的工作领域中作出实实在在的成绩的人都是高端人才吧?总不能不看他们所从事的是什么工作吧?商店里的服务员的服务质量再高、工厂里的工人的技能水平再高,好像都不能算是高端人才。

而且,即便在知识型、技术型的工作领域当中,也不是任何人都可被纳入高端人才的范围的。建筑设计院里一般的建筑设计人员,金融机构里一般的信用分析师、证券分析师、保险理财师,科研机构里的一般研究人员,以及哪怕是航天工程中的一般岗位操作人员,都不能算是高端人才吧?只有建筑设计院里的复杂工程的设计师、金融机构里的综合分析师、科研机构里能够承担复杂科研项目的研究人员,以及航天工程里重要岗位的担当者等等,才能真正算得上是高端人才。

所以,我想,是不是可以这么理解,所谓高端人才,应当是指那些能够在知识含量高或者技术含量高的工作中作出较大成绩的人。要不然,怎么能说是高端人才呢?

但是,这样来界定还是会有麻烦。因为,我们的大学所承担的任务,并不仅仅限于为那些知识含量高、技术含量高的工作岗位培养人才,这些工作岗位在整个社会中所占比例毕竟是比较小的。因此,如果说大学必须担负培养高端人才的任务的话,那也只是大学的任务之一。我们的大学不仅需要培养足够数量的高端人才,而且必须培养数量庞大的非高端人才。而更重要的一点在于,不管我们所培养的是高端人才还是非高端人才,在我们今天这样一个致力于建设创新型国家、创新型社会的时代里,我们的大学必须承担的一个任务,就是我们培养的所有人才都应当具有创新意识和创新能力。

所以,我想来想去,第一,因为我自己就不是高端人才,因此没有资格谈高端人才;第二,高端人才的概念我实在搞不清;第三,我觉得对于我们国家、对于我们当下的高等教育来讲,更重要的是要培养创新人才。因此,我就把我要讲的题目定为"创新人才培养需要什么样的大学",想从创新人才培养的角度,来谈谈我们的大学应当是一个什么样的大学。对于这个问题,我主要有这么几点体会和大家分享。

一、有魂灵的大学

我们的大学首先应当是"有魂灵的大学"。

社会建立大学的根本目的是什么?它不是为了让一群教师可以通过到大学教书而领取工资、养家糊口、解决饭碗问题;它也不是为了一群学生可以通过到大学读书而找到朋友,来解决他们的孤独问题。社会办大学不是出于这样的目的,这不符合社会学交换原理。社会不是傻瓜,不会干这种赔本的买卖。我出了钱,办了大学,让教师拿到了工资,让学生找到了朋友,我自己却什么都没有得到。社会不是这样的傻瓜,社会不是活雷锋,社会还没有"雷锋"到这种程度。社会之所以要举办大学,是想要我们的大学培养出社会所需要的高层次人才。

毫无疑问,大学不能忽视社会的这种需要,关于教育发展的基本理论也告诉我们,社会需要是教育发展的根本动力。但问题在于,这里所说的"社会需要"究竟指的是什么?作为高等教育发展根本动力的社会需要,是不是直接地就等于人才市场对于高等教育的需求?这是必须弄清楚的。

这里的一个要害性问题是:如果社会的某种所谓"现实需要"(比如对于某种人才的需求、某种"人力"的需要)其实并不有利于社会的长远发展,我们的大学究竟要不要满足这样的社会需要?这是要打引号的。一会儿需要很多的会计啦,一会儿需要很多的律师啦,一会儿需要很多的其他各种各样的人才啦。

这就引发出了"社会进步"的问题。也就是说,我们的社会究竟应当朝着什么样的方向迈进?究竟应当通过什么样的途径与方式来实现这样的迈进?不用说,社会进步是需要引领的。问题在于,这个引领者是谁?谁在引领社会进步?

不少人可能会认为,引领社会进步的是政治家,是执政党。从日常现实看起来,似乎是这样,因为关于社会的所有重大决策都来自于政治家、来自于执政党。但问题是,在一个正常的现代国家里,社会进步从根本上来说其实应当是由大学引领的。理由至少有两点。

第一,大学不只是一个传递知识的场所,而且是一个生产知识的地方。这当中就包括了关于社会进步的理想、信念、取向等方面的价值性知识,包括了关于社会进步的动因、条件、影响等方面的分析性知识,包括了关于社会进步的现实状况、产生原因、未来趋势等方面的事实性知识,还包括关于社会进步的应有方针、可取途径、可用方式等方面的对策性知识。所有这些,都是政治家、执政党在进行重大社会决策时必不可少的依据。否则,决策就会成为拍脑袋、拍胸脯的结果,最后就只能拍大腿了。到了拍大腿,已经是后悔莫及了。这是第一点,说的是社会进步从根本上来讲是由大学来引领的。

第二,大学通过培养高层次人才为社会进步准备必要的人才资源。我们教育界的许多人士现在经常抱怨,抱怨什么呢?抱怨的是在外部社会的强大压力下,我们的教育显得非常的弱势、非常的无能、非常的无奈。但是他们偏偏就忘记了一点,忘记了什么呢?忘记了"今天的教育就是明天的社会"这样一个简单的道理,明天的社会进步所需要的高层次人才资源就来源于今天的大学培养。在这个意义上,我们的大学其实是非常的强势,因为未来社会的进步就孕育在今天的大学之中。

但是,这样讲并不意味着大学就必然能引领社会进步,那要看大学所生产的是什么样的知识,所培养的是什么样的人才。如果我们大学生产的只是一些陈旧的、陈腐的知识,培养的只是循规蹈矩的庸人、贪名逐利的邪人以及趋炎附势的小人的话,那么,大学不仅不能引领社会进步,反而会成为阻碍社会进步的帮凶和罪人。法国有位著名的社会学家叫布迪厄,他有一个核心概念,叫做"共谋"。什么意思呢？比方说吧，你以为大学是受害者，你以为大学是被社会所欺压、被社会所剥削、被社会怎么怎么样，其实，你实际上是和社会一起制造了现在这样的社会现实。所以，我们要追问：大学所生产的究竟是什么样的知识？培养的究竟是什么样的人才？要知道，未来社会的美好与丑陋，未来社会的公平与不公，在很大程度上就诞生于我们的校园里。

因此，大学必须有教育的魂灵，必须有一种坚定的理念，这就是引领社会进步。大学不是要盲目地满足任何所谓的"社会需要"，而是把引领社会进步作为自己义不容辞的神圣使命，并且在这个前提下来审视社会需要。

> **有魂灵的大学**
> 坚定的理念──→引领社会进步
> 有理想的大学　有高度的大学
> **自为的大学**

大学必须要有这样一种明确的使命意识，否则，就不可能生产出能真正代表社会进步方向的创新性知识，就不可能培养出能真正推动社会进步的创新性人才。如果说社会需要是高等教育发展的根本动力的话，那么，我现在要说，引领社会进步是大学培养创新人才的根本动力。因为，社会进步本身就应当是创新的结果，社会进步不是用嘴吹出来的，不是报纸上宣传出来的，是扎扎实实干出来的。

显然，有了"引领社会进步"这样一种教育理念，我们的大学才可以说是一所有理想的大学、有高度的大学。套用一下马克思在《哲学的贫困》中所说的"自为的阶级"这个概念，我们说，在"引领社会进步"这个教育理念指导下的大学，才是一所"自为的大学"，因为它有清晰的指导思想。只有这种有理想、有高度的大学，只有这种自为的大学，才能培养出可以推动社会进步的创新人才。

毫无疑问，不管你是北大、清华，还是在座各位所在的广西师大或者我所在的南京师大，都必须有"引领社会进步"这样一种理念，都应当成为一所有理想的大学、有高度的大学，哪怕你是一所不起眼的本科院校。没有"引领社会进步"这种坚定的理念，没有基于这种理念的教育魂灵，那么，我们大学的所谓创新人才培养就会失去正确的方向与前进的动力。这是我要讲的第一点。

二、有眼光的大学

我们的大学还应当是"有眼光的大学"。

刚才讲有魂灵的大学，依照的是这样一种逻辑，那就是：由于社会进步本身就是创新的结果，那就必须依靠创新，包括观念的创新、知识的创新、制度的创新、技术的创新，等等。现在，创新已经成为我们这个国家的一个口头禅。因此，推动社会进步需要大量创新人才。而大学的一个神圣使命，又恰恰在于不只是一般地推动社会进步，而且要引领社会进步。所有这些，就构成了大学培养创新人才的根本动力。这就是刚才讲"有魂灵的大学"时所依照的逻辑。

现在我要把目光转移，要从"推动社会进步"转移到"促进学生发展"身上。这里所说的学生当然指的是大学生，大学生包括本科生、硕士生和博士生。由于培养创新人才说到底是要把学生培养成创新人才，那我们就需要知道，作为所谓培养对象的学生究竟有没有可能被培养成为创新人才？

有没有可能？说实话，如果仅仅从表面现象来看的话，你可能会感到，现在的许多大学生似乎没有可能，或者说几乎没有可能被培养成创新人才——我看到在座的有些同学已经显露出不快的神情——因为现在的许多大学生给人的感觉就是不敢质疑权威、就是不会提出问题、就是不去大胆想象、就是不想冒险行动，那还谈什么创新！

但是我要说，这不是我们大学生的本来面目。其实，在我们每一个人的心里，都内隐着一种创新的欲望，都蕴藏着一种创新的潜能，只不过这一点有时连我们自己也未必能清楚意识到。因为，经过我们进大学之前 18 年左右的生活，经过 12 年（加上幼儿园的 3 年就是 15 年）的受教育过程，我们的创新欲望没有得到充分满足，创新潜能没有得到充分发掘，反而被不断地压抑、压制。久而久之，渐渐地也就不敢创新了、不会创新了，以至于终于也不想创新了。其实是这么个状况。

你们觉得是这样的吗？也许你们觉得不是这样的，但我觉得是这样的。如果不相信，我们可以审视一下我们的前身——儿童，看看他们是一种什么样的状态。

这里有一个例子,我在其他场合也讲过这个,我觉得这个例子比较能说明问题。(展示PPT)

这是一对父母和一个幼儿在一起,父母帮小孩搭了个积木,搭的是一座城堡。当然,搭的这个积木也可以是飞机、大炮、军舰,也可以是动车,还可以是宇宙飞船,什么都可以,反正是搭了一个积木。大家可以看到,父母很得意,因为他们觉得这个积木搭得比较标准,用成年人的眼光来看确实也很标准:它的结构是对称的,它的色彩是协调的,整体上有一种美感。但是这个小孩不满意了,你看他龇牙咧嘴的,对不对?他要干什么呢?他小手一挥,哗啦一声就把城堡推倒了。父母感到很郁闷,心想我们费心费时地给你搭了个这么好的积木,你不领情(我们成人经常感到小孩不领情,教师也经常感到学生不领情)居然把它推倒了!小孩把积木推倒之后干什么呢?他自己重新搭了一个。他搭的这个城堡和刚才父母给他搭的是不一样的。按照我们成人的审美标准,它的结构是不对称的,它的色彩是不协调的,它还有其他种种缺陷。这下父母不高兴了,心想你这搭的是什么东西呀。可是小孩不管,他很高兴,他为自己的成果鼓掌、拍手。

这就是这个小孩的一"推"一"搭"——推倒父母为他搭的积木,自己重新搭一个积木——的行为,却有着关于我们"人"的一种深刻的意涵。

"推"的行为表明,对于小孩来讲,父母为他搭的积木只是来自成人世界的一种"强加的符号":城堡就是这样的,上面有尖尖的顶,四周有几根柱子,柱子是对称的,高度是一样的,色彩是搭配好的。总之,是父母向小孩提供了关于城堡的一种"给定的范本"。可是,小孩根本不信这个邪,他把这个城堡推倒了,只要不受到惩罚,他就会把成人给他的这个"范本"干掉。而且,在推倒之后,小孩马上自己再重新搭一个。

"搭"的行为表明,儿童实际上也像我们每一个人内心里都天生地喜欢我们自己亲手创构的东西一样,别人给我们的东西再好,也只是别人的,我自己创构的才是我自己的。我们亲手创构的东西其实是我们每个人当时生命的组成部分。生命是什么?生命不只是眼睛、鼻子、耳朵、手,而且包括你当时创造的东西。你写了一篇作文,你对这篇作文很得意,你是花费心血写出来的,这篇作文就是你当时生命的组成部分。

所以,这一"推"一"搭"隐含着关于"人"的一种深刻的意涵。就是说,儿童是敢于摧毁自己感到不合理、不喜欢、不满意的东西的,而且是敢于创造自己的心仪之物的。在这方面,跟儿童相比,我们成年人真的是非常地惭愧。我们是怎样的呢?我们明明知道一项知识、一种制度、一个活动是不合理的、不科学的,但我们却不敢去质疑、不敢去否定、不敢去批判;我们明明知道一项知识、一种制度、一个活动是合理的,但我们却不敢去组织、不敢去建议、不敢去实施,我们跟儿童相比,跟我们自己的前身相比,真的是万分惭愧。有的时候,我们虽然也能够质疑、能够反思、能够批判,但批判之后干什么呢?继续喝茶去了,继续喝咖啡去了。看看这个小孩干什么去了,这个小孩摧毁之后紧接着就进行创构了。这就是小孩的本性,也是我们每一个人的本性。我今天在这里强调的不是摧毁,而是创构、创造、创新,强调的是它内隐在我们的天性当中。

我想,这个例子对我们应当有所启发。什么启发呢?这就是大学的所谓创新人才培养工作,应当建立在对于人的创新天性的洞悉基础之上,而不是从政治出发、从上级部门的指示出发、从某个领导人的喜好出发。基于对人的创新天性的洞悉,我们说,大学的创新人才培养工作应当做到以下四点。

第一,既然创新是人的天性,那么,从促进学生发展的角度来讲,大学的所谓创新人才培养工作,一个基本的前提就在于保护学生的创新天性、满足学生的创新欲望、发掘学生的创新潜能。

第二,既然创新是每一个人的天性,那么仍然从促进学生发展的角度来讲,大学的所谓创新人才培养工作也就不能仅仅以少数学生为对象,而是应当面向每一个学生。

第三,既然学生的创新天性在他迄今为止的生活过程中,在他的学前教育、初等教育、中等教育的受教育过程中,已经程度不等地受到了压抑和压制,那么,从某种意义上讲,对于大学的所谓创新人才培养工作而言,比"保护"更重要也更为基础的一个任务,或许是"解放"。

这三点我在其他场合也讲过。我一直觉得，创新人才的培养，创新意识的培养、创新能力的培养，到了大学阶段才来进行，已经比较晚了。我们的学生在幼儿园阶段、小学阶段、中学阶段，不断地受打击、不断地受压抑、不断地受压制，到了大学里面，许多人确实是已经不会创新了、不敢创新了，最后也不想创新了。在这种情况下，可以说比保护更重要的，真的是要进行解放了。所以，大学的创新人才培养任务其实是非常的繁重。这可不像我们的一些教授——包括著名教授——所说的那么简单，他们觉得我们从事的是高等教育，我们是高级知识分子，我们必须要培养出创新人才，等等。但是他们就没有想到，我们的许多大学生的创新根基在他进大学之前的生活过程和受教育过程中已经在相当程度上遭到了破坏。也就是说，我们要把学生们在幼儿园期间、小学期间、中学期间，所压抑下去的欲望、压制下去的潜能敞现出来。这是大学的创新人才培养的一个特别重要的任务。

第四，从上面三点也就可以看出，对于大学创新人才培养工作而言，最重要的成果，不是像我们现在许多大学的创新教育搞的那些形式那样，不是一个又一个所谓新观点的提出，不是一种又一种所谓新方法的发现，也不是一件又一件所谓新作品的产生。那些东西你在这样那样的竞赛、大赛中经常可以看到被拿出来展示。这些东西当然可以展示，但不是我们关注的重心。我们的关注重心，应当是学生的一系列创新品质的形成与发展，包括不懈追求、持续探索、敢于质疑、善于建构等等，是这些东西。

这就是我所说的"眼光"，是大学的一种教育眼光。这种眼光把视线聚焦于它的教育对象——学生身上，聚焦于学生的发展身上。因为没有学生的发展，所谓创新人才培养就无从谈起。你拿什么来证明呢？所谓引领社会进步，也就成了无源之水、无本之木。这是简单的道理。

与此同时，这种眼光将视线穿透到作为人的学生的天性问题上，穿透到作为人的学生的原初面目上。原初是什么？原初就在于他是要创造的，他是想要自主创造的。这样的眼光就应该可以叫做"睿智的识见"了。创新人才培养需要有这样一种识见，需要这样一种对于学生的天性、对于学生的原初面目的洞察。

其实，再进一步讲，不光是所谓大学的创新人才培养，就是我们的整个教育，难道不正需要这样一种识见吗？教育的根本任务、教育的至高境界，不正在于将学生的创新天性、创新潜能充分地展现出来、挖掘出来吗？所以，促进学生的发展不只是大学创新人才培养的一个基点，它其实也是整个教育的一个基点。所谓创新人才的培养，学生的创新品质的培养，不是新的刻意开发出来的另外一个教育品种，它其实就内隐于我们的教育之中。

从学生的天性，从学生的原初面目来审视、反思所谓创新人才培养工作，就可以避免现在许多大学在这方面的功利、浮躁、表浅以及自作多情等等的弊端。其实，你只要看到学生原本的天性、从学生原本的天性出发来进行创新人才的培养就可以了。

有了"促进学生发展"这样一种睿智的识见，我们的大学才可以说是一所有智慧的大学。其实，智慧的问题很简单，只要回到原初就行了，好多东西都可以找到。因为到了现

> **有眼光的大学**
> 睿智的识见──促进学生发展
> 有智慧的大学　有深度的大学
> **自醒的大学**

在，好多东西已经被遮蔽了，已经被迄今为止的过程伤害了，所以要回到原初。只有这样，我们的大学才能成为一所有智慧的大学、有深度的大学。前面我讲大学要"推动社会进步"，那是一种"高度"；现在我讲大学要"促进学生发展"，这就是一种"深度"了。有智慧、有深度的大学才是一种"自醒的大学"。我不管其他人对"自醒"怎么解释，我的意思是说，你不要自作多情，你对你自己的教育对象的原初要有清晰的把握，不要自以为是，不要自吹自擂，不要代替学生去做他原本自己可以做的事情。

同样毫无疑问的是，不管你是北大、清华，还是广西师大、南京师大，都需要有"促进学生发展"这样一种睿智的识见。我们看看，"促进学生发展"这句口号我们喊了多少年，许多教育工作者，也包括在教育领域攻读学位的许多研究生，都已经把"促进学生发展"当作一个口头禅了，但其实我们还远远没有掌握这句话的深刻意涵。总之，我们的大学应当成为有智慧的大学、有深度的大学，并因此而成为"自醒的大学"。没有"促进学生发展"这种睿智的识见，没有基于这种识见的教育眼光，我们说大学的创新人才培养就会失去安身立命之本。

三、有胸怀的大学

我们的大学应当是"有胸怀的大学"。

刚才我是从促进学生发展的角度来谈创新人才培养需要什么样的大学。我们说,每个学生都有创新的天性,都有创新的潜能,这可以说是学生的共同点。但是,我现在要讲的是,学生之间是有差异的,是千差万别的。有的学生语言智能、文学想象十分欠缺,但是他的逻辑思维、数学想象却是有如神助;有的学生画起画来形同涂鸦,但乐感超群,天生一副金嗓子,张口就引来百鸟朝凤;有的学生虽然唱起歌来声如狼嚎,但是色感出众,极具美术天赋,一下笔就如梵高再世。这样的现象可以说随处可见。

这意味着什么呢?这意味着创新人才培养的工作绝对不能千篇一律、千人一面,而是应当根据学生的差异因材施教。因为,创新人才的一个基本特征就是与众不同。一个人,如果真的是创新人才的话,那么,他一定和别人有不同之处。从某种意义上讲,培养创新人才,也就是要把学生培养成与众不同的人。与众不同本身可能就已经实现了一种超越。更何况,学生本来就都有他自身的特点,你也无法强求统一。其实,我们都知道,教育的一条基本原则本来就是要因材施教,只不过在教育规模日趋庞大的今天,因材施教这条教育原则贯彻起来十分困难,简直没有办法。在种种条件的限制下,许多教育活动都只能是就汤下面、顺其自然。但是,就创新人才培养而言,就不能顺其自然了,而是必须贯彻因材施教的原则。没有因材施教,所谓创新人才培养完全不可能取得实质性效果。

如果要真正实施因材施教,那就不能再用同一把尺子去要求所有学生了,不能再用同一种方式来对待所有学生了,那就意味着我们的教育教学模式及其评价标准必须多样、必须多元。这就要求我们的大学应当鼓励和支持教师进行各种各样的尝试,在不违反法律、不违反道德的前提下,应当放手让教师去自由探索,让教师和学生一起探索。一起探索也很重要。创新人才培养,也不能是教师制订一个培养计划,然后学生就按照这个计划去学习。不是这样的,这个培养计划本身也应当是教师和学生共同商定的。

学校应当把教育的自由权还给教师。前面我们谈的是学生的创新欲望,其实教师作为一个人,他也有创新的欲望啊,也有创新的潜能啊。学校应当千方百计把教师的创新欲望激发起来,将教师的创新潜能激活起来,应当解开许多大学现在依然套在教师身上的种种绳索与枷锁,废除许多不合理的评价制度,把教师的思想、活力和精力都解放出来,让他们全身心地、毫无顾忌地投入到创新人才培养的工作中去。应当使得我们教师的创新人才培养工作本身也成为一种不断创新的过程,成为一种百花齐放、百家争鸣的过程。学校要相信教师、鼓励教师、支持教师,并且要为教师埋单。埋什么单呢?因为教师要尝试啊,他在尝试过程中可能会出现一些失误啊。所以,学校应当为教师在创新人才培养工作中的各种尝试埋单。

这就是我这里所说的胸怀,大学的胸怀。大学必须有这样的胸怀,必须持有开放的心态,必须鼓励教师进行多元多样的尝试。有了"鼓励多元多样"这样一种开放的心态,我们的大学才能成为一所有活力的大学、有宽度的大学。

> **有胸怀的大学**
> 开放的心态⟶鼓励多元多样
> 有活力的大学　有宽度的大学
> **自由的大学**

前面我是从有利于社会进步的角度讲,我们的大学应当成为有高度的大学;并且从有利于学生发展的角度讲,我们的大学应当成为有深度的大学。现在,我再从有利于多元多样的角度讲,我们的大学应当成为"有宽度"的大学。有宽度的大学,才会是一所"自由的大学"。这应当是同多少年前蔡元培所说的"兼容并蓄"的精神相吻合的。

仍然毫无疑问的是,不管你是北大、清华,还是广西师大、南京师大,都必须有"鼓励多元多样"这样一种开放的心态,都应当成为一所有活力的大学、有宽度的大学,并因此而成为"自由的大学"。没有"鼓励多元多样"这种开放的心态,没有支持这一心态的胸怀,大学的所谓创新人才培养工作本身也将因为缺乏活力而没有长久的生命力。

四、有脊梁的大学

最后，我们的大学还应当成为"有脊梁的大学"。

这个问题对于今天的中国大学来说特别重要，因为今天的中国大学，普遍存在一种"依附"的现象。而且，这种依附现象越来越普遍、越来越严重，它已经严重影响着创新人才培养。这当中，尤其是对于权势的依附。

大学对于权势的依附突出地表现在对于政府部门、政府官员普遍地言听计从、亦步亦趋。政府部门说向东，大学不敢向西；政府部门指向南，大学不敢朝向北。有的时候甚至让人感到，我们的有些大学——广西师大肯定是个例外，南京师大也是例外——简直就像是政府部门手里的一个提线木偶，它没有自己的思想，没有自己的意志。政府部门拨拉一下，大学就机械地动一下，完全只是在落实政府部门的各种通知、指示、要求，实施政府部门启动的各种规划、计划、项目。曾经有一位退下来的中央政府部门的领导被问及在任期间主要做了哪些重要的事情，有哪些主要业绩，他说他在任的那些年其实只干了一件事，并让当时在座的各位猜猜是什么事，大家七猜八猜，猜了许多事，结果都不对，他说这件事就是"落实领导的批示"！

这样一种关系基本上可以用来比喻我们的许多大学和政府部门之间的关系。我们的政府部门现在有点像一群不知劳累的工程设计师，它们不断推出一项又一项工程，而我们的大学就像一支疲惫不堪的工程队，完成了一项工程以后，立刻又赶往另外一个地方，再承接又一项新的工程。大学校长很像工程队长。在这种情况下，我们的大学怎么可能静下心来认真地探索，怎么可能真正按照自己认为是正确的理念、合理的方式去培养所谓创新人才呢？

当然，这个板子也不能完全打在大学身上。因为在中国实行的是政府本位的教育管理体制，这种管理体制必然导致政府部门对于大学的高度集权。政府部门现在是把三大权力牢牢掌控在自己手里，这就是校长任命权、资源分配权、等级区分权，政府通过各种评估来对大学进行等级区分。政府部门常常把许多角色集于一身，包括指导者、管理者、监督者、调控者、评价者，等等。这样,政府部门就对大学进行着超强控制,使得大学难以成为真正意义上的办学主体。所以啊,同学们有的时候可能会怪学校,其实学校在许多事情上也很难,因为我们的大学在许多层面上、在相当程度上,都不是一个真正意义上的办学主体。学校的任何改革与发展,都必须在政府部门规定的轨道上循规蹈矩、按部就班地进行,不能有任何的出轨或者出格,否则,政府部门就将通过没完没了的评审、没完没了的检查、没完没了的评估、没完没了的验收等等,对学校提出警告与处罚,剥夺或削减原本要分配给学校的资源与机会。这样一来,学校的发展就要受到影响。所以,从某种意义上讲,在中国,其实在相当程度上真的已经不是大学自己在办学,而是政府部门在办学,是政府官员在办学。

因此,大学必须从这种依附状态中解脱出来,必须拒绝任何依附。我们知道,著名史学大师陈寅恪在为他的老师王国维写的墓志铭中有一句名言,叫做"独立之精神,自由之思想"。这句话在今天经常被人们引用,用来说明知识分子所应有的品格和人格。其实,它也可以部分地用来形容我们的大学应当具有的一种品格,应当具有的一种"校格"。大学不应依附于任何外部的力量。我讲的是"依附",不是讲"依靠",不是讲"寻求支持"。大学不应屈从于任何外部的淫威。当然,大学需要有办学资源,包括人力资源、财力资源、物力资源等等,而且是多多益善,因为它可以为学生提供更好的条件,可以为教师的教学提供更多的方便。但是,大学对于这些资源的获取,应当是凭借自身实力的展示、声誉的证明、诚意的感召以及正义的呼吁。

我一直主张,大学应当结成一种联盟,应当有自己的声音,明确提出自己主张什么、需要什么。我们应当发出自己的声音,但不是向政府部门低三下四地乞求,我们没有什么要乞求的。大学不应当跪着生存,而应昂首挺胸地站立在我们这个社会当中。我们这个时代所需要的,是站立起来的大学,而不是跪着的大学。可不可以这么说,什么时候我们的大学能昂首挺胸地站立在这个社会当中了,我们这个中华民族也就真正能实现伟大复兴了。当然,大学的依附并不仅限于对政府部门、对权势,它还包括对资本的依附、对名人的依附等等,我这里主要以对政府部门、对权势的依附为例来说明。

总之，大学应当有自己的独立的品格、独立的校格，大学不应当成为任何意义上的附庸。拒绝任何依附，应当成为大学的一条刚直的原则。有了这样一条刚直的原则，我们的大学才能成为一所"有胆量的大学""有硬度的大学"，才算得上是一所"自尊的大学"。

> **有脊梁的大学**
> 刚直的原则──拒绝任何依附
> 有胆量的大学　有硬度的大学
> **自尊的大学**

还是毫无疑问的是，不管你是北大、清华，还是广西师大、南京师大，都必须奉行"拒绝任何依附"的原则，都应当成为一所有"胆量的大学""有硬度的大学"，并因此而成为"自尊的大学"。你不自尊，人不尊你。没有"拒绝任何依附"这条刚直的原则，没有基于这一原则的脊梁，大学根本没有培养所谓创新人才的资格。因为，创新人才的又一个基本特征就是不依附。依附了，那还怎么去进行创新呢？要创新，就不能依附，就必然会拒绝权威、拒绝屈从。所以，一个以依附、屈从为特征的大学，是不可能培养出以不依附、不屈从为特征的创新人才来的。

总之，我今天讲了这么几点。第一，大学应当是有"魂灵"的，它应当怀着"引领社会进步"这样一种坚定的理念，应当"有理想""有高度"，并因此而成为"自为的大学"。这一点是对"使命"而言的；第二，大学应当是有"眼光"的，它应当具有"促进学生发展"这样一种睿智的识见，应当"有智慧""有深度"，并因此而成为"自醒的大学"。这一点是对学生而言的；第三，大学应当是有"胸怀"的，应当具有"鼓励多元多样"这样一种开放的心态，应当"有活力""有宽度"，并因此而成为"自由的大学"。这一点是对教师而言的；最后，大学应当是有"脊梁"的，应当坚持"拒绝任何依附"这样一条刚直的原则，应当"有胆量""有硬度"，并因此而成为"自尊的大学"。这一点是对社会而言的。

表1　创新人才培养所需要的大学

对使命	对学生	对教师	对社会
有魂灵	有眼光	有胸怀	有脊梁
坚定的理念 引领社会进步	睿智的识见 促进学生发展	开放的姿态 鼓励多元多样	坚定的原则 拒绝任何依附

(续表)

对使命	对学生	对教师	对社会
理想与高度	智慧与深度	活力与宽度	胆量与硬度
自为	自醒	自由	自尊
改造我们的大学			

  如果是这样的话,那么,我们的创新人才培养也就有了希望。也许,我这里所讲的都只是一种理想。但实际上,我们现在的许多学校、许多校长、许多教师,都正在朝着这个方向努力,我们国家也在朝着这个方向迈进。不是说要进行更多的改革吗?不是都在鼓励教师有理想、有智慧地发展吗?这当中应当也就包括了我这里所讲的有魂灵、有智慧、有胸怀、有脊梁。而从创新人才培养这个角度来讲,所有这些都呼唤着大学的改造。

  这就是今天我要和老师们、同学们分享的一些看法,准备得比较仓促,昨天晚上也没有睡好,讲得有气无力,所以还请大家原谅!浪费了大家的时间,不好意思。谢谢大家!

主持人(广西师范大学副校长李传起教授):

非常感谢吴老师的精彩报告。我想,吴老师的报告用"精彩"这两个字来形容是远远不够的,这个报告真的是高屋建瓴、发人深省。我刚才注意到同学们不仅在认真地听,而且在认真地记,大家也在对吴老师报告中提出的问题进行着思考。我觉得,吴老师的这个报告用他自己的话来说,也是有魂灵的报告、有眼光的报告、有胸怀的报告、有脊梁的报告。(笑声)它给我们以很深的启迪,告诉我们的学生应当怎么成长,学校今后应当怎么办。让我们再次以热烈的掌声感谢吴老师的报告!

下面是互动环节,大家看看有什么问题需要向吴老师请教。

听众:

中国高端人才的缺失是不是和我们个人的功利心太强有关系?比如我们学生的学习目的,讲低一点就是为了找一份更好一点的工作,讲高一点就是为了功成名就。请问吴教授,您认为中国当下高端人才缺失的现状和这种功利性意识是否有关？

吴康宁：

我今天没有胆量讲"高端人才"，我一直讲的都是"创新人才"。之所以讲"创新人才"，是因为它不管是对于南京师大，还是对于广西师大，还是对于下面的什么师院，都是适用的，每一人都应当有所创新，所以我没有讲"高端"……

听众：

我觉得创新也是跟功利性有联系的。现在我们的大部分学生，还有许多社会成员，都被社会舆论所牵引，功利性太强了，做什么事都是为了一定的目的。比方说专家学者，等他到了一定高度的时候，他也许就不会去做学术了，他要去做点别的，比方说做行政什么的。您觉得他是不是缺乏点什么？是不是功利性的目的太强了？

吴康宁：

今天在开场白的时候我做了个声明，说我不讲"高端"，其实本来我想做第二个声明，就是我不讲"社会"。为什么呢？因为在座的都是我们的学生，都是我们的老师，所以……我讲得有点乱，我先回答你的问题。我认为，社会有着不可推卸的责任。其实，我们大学中的许多问题，教师的问题、学生的问题，实际上都是社会的问题在高校中的一种必然的反映，一种特殊形式的反映。完全可以说，社会对我们教育犯了"罪"。

但问题是我在今天这样的场合声嘶力竭地讲社会对我们犯了罪，说我们要控诉，这没有意义。我在其他场合讲得非常多，什么场合呢？就是当有省长在的时候，当有市长在的时候，当有区长在的时候，我到那样的场合讲，和他们进行争辩，然后通过自己的一些研究去开导他们。而在今天这样的场合讲，可以说一点本事也没有。我本来要做第二个声明的，现在为了回答你的问题，就把这第二个声明也说出来了。对于今天这样一种追求功利、比较浮躁的现象，应当说社会有很大责任，所以，今天我讲的是高等学校本身，最后说要改造大学，其实更根本的是要改造社会。这是一个方面。

但是，另一方面，我们也不能因为社会还没有改造好，就什么也不做，那肯定也不对。同样是在这种社会境况中,为什么有些人就更加努力呢?为什么有些人就能静下心来做一些自己想做的事情呢?这还是有区别的。所以,我们在社会环境还没有完全改造好的情况下,在枷锁还没完全被打破的情况下,我们要尽量跳好自己的舞。同时,也要为枷锁的最后打破尽一点力。

在这个意义上,也仅仅在这个意义上,我们其实不仅对于教育本身的改造负有一点责任——这个责任大学校长要承担,大学教授要承担,我们每一个大学生及他们的家长都要承担——而且,我们对于社会中的丑陋现象、对于社会中的各种不公等等,也都有责任来对它们进行批判,对它们进行反对、抵制等等。否则,这个教育也改造不好,这个大学也不可能像我们所期待的那样真正地好起来。这其实是个悖论,但是没有办法。我们就是这样,左一点、右一点、前一点、后一点,慢慢地不断地向前推进。我想,可能就是这么一种状况。讲到现在,我估计还是没能回答你的问题。(笑声)但是,肯定多少已经回答了你的问题,不好意思。(笑声,掌声)

(2012年12月1日,桂林)

我国建设现代大学制度需要哪些前提

各位：

中国的现代大学制度建设面临许多问题，但就当下而言，我以为最迫切需要的，并不在于对"现代大学制度"本身作出种种理论阐明，因为尽管中国高等教育界对于"现代大学制度"的概念尚无权威界定，但对它所涵盖的基本要素，应当说还是有相当程度的共识的，比方说自主办学，比方说学术自由，比方说教授治学，比方说学生自治，等等。就已有的大量探讨来看，我认为关于现代大学制度本身的理论阐述无论在新意上还是深度上，似乎都处于一种认识的饱和状态，不管题目如何更换，不管概念如何变化，说来说去就是那些东西，很有一点车轱辘话来回说的味道。

同时，我以为当下最迫切需要的，也不在于对"现代大学制度建设"本身提出种种实践主张。如果我们以《高等教育法》的颁布为起点的话，你就会发现，迄今为止所提出的实践主张已经够多的了，但真正值得称道的建设成果却寥寥无几，被当做经验来总结与宣传的一些所谓建设成果，往往都有较多的包装成分。

那么，就当下来讲，迫切需要解决的问题究竟在哪里呢？我觉得，在于具备三个前提性条件。

服务型的政府部门

第一个前提性条件是"服务型的政府部门"。

当今中国高等教育的一种见怪不怪的日常现象，就是政府对于大学的强力控制，这种强力控制已经成为现代大学制度建设的一个拦路虎。

这真的是非常奇怪！1998年颁布的《高等教育法》明文规定，高等学校要"依法自主办学"，可是政府却偏偏不让大学自主办学，它就是要把高等教育的设计者、指导者、管理者、监督者及评价者等多种角色揽于一身，对大学进行全方位、全过程、高密度的超强控制。从某种意义上讲，这种控制几乎到了"野蛮"的程度，因为它很少尊重大学发展的自身规律，很少敬畏大学所担负的神圣使命，这个神圣使命就是培育人才、探究真理、创造知识、引领社会，它也很少介意大学教师包括大学校长的人格尊严。而且，让整个中国高等教育界蒙羞的是，自《高等教育法》颁布以来，政府对大学的控制不仅没有减弱，反而愈演愈烈，它使得现代大学制度建设的一些所谓成果实际上不值一提。

这就不能不顺便说到《高等教育法》本身的一个重大缺陷了。我不专门研究高等教育，在法律方面也是外行，但是我怀疑，我们的政府部门在《高等教育法》制定过程中会不会使了一点手脚。(笑声)因为《高等教育法》只规定了"'高等学校'应当面向社会，依法自主办学，实行民主管理"，却根本没有规定政府的相应责任。我查了一下，《高等教育法》全文有52个地方使用了"应当"这个祈使词，但就是没说政府应当做什么，没有规定政府应当支持大学依法自主办学；《高等教育法》有6个地方使用了"不得"这个命令词，但就是没有明令政府不得妨碍大学自主办学。也就是说，从法律上讲，政府并没有支持大学自主办学的责任和义务，而大学则有依法自主办学的责任和义务，这是不是有点奇怪？

之所以说"怪"，还因为政府对大学的超强控制的结果，把自己也搞得很累。为什么呢？因为它得千方百计地囤积许多重要办学资源，它得巧立名目地设计许多计划、工程、项目及奖项，它得挖空心思地琢磨出许多办法、程序及表格等等,你说它累不累?关于这一点,陈学飞教授有篇文章已经谈了很多、谈得很清楚了。政府这样做不仅很累,而且还招致大学骂声四起。我们不禁要问:这是何苦呢?既然把自己搞得也很累,干嘛还要乐此不疲呢?这就要与"不怪"联系在一起了。

之所以说"不怪",是因为我觉得,政府对大学的超强控制说到底还是应了中国的那句老话:人为财死鸟为食亡。这里的"财"与"食"就是"利益"。我想,没有几个政府官员的智商会低到这种程度,以至于不知道只有让大学自主办学,大学才会充满生机与活力、才会富于激情与想象、才会不断创新与超越。政府明明懂得这个道理,却依然不辞辛劳地对大学进行超强控制,这就表明其中另有图谋!图谋什么?两个字:寻租。当然,没有谁统计过迄今为止政府——当然指的是各级各类政府部门——通过对大学的超强控制究竟寻了多少租、获得多少利。但是,不用统计也可知道,如今的许多政府部门其实早已成为实实在在的"利益群体""寻租群体"。

在大学的自身发展、大学的教育这件事情上,政府本来应当是为大学服务的,但现在却成了凌驾于大学头上的一个"老爷",成了乐于对大学设租、寻租的一种"债主"。这真是一种极端的腐败,是对大学的一种侮辱,也是一切真正想要办好大学的校长和教师所不能接受的。因此,要想进行现代大学制度的建设,政府所实际扮演的角色就必须实现根本转变:从"寻租者"变为"服务者"。现在上上下下都在讲政府要"转变职能",这是一种很文雅、很温和也很轻柔的说法,但在这个说法背后支撑的应当是一种强硬的、坚强的决心,这就是"限制政府的权力"!

怎么限制?我认为无非是两条。

第一,最大限度地取消不应该由政府把持的权力。比方说,校长任免权——大学校长应当由教授们选举产生,只有选举产生的校长才会真诚地、毫无私心地对大学的神圣

> **服务型的政府**
> 政府角色转变:寻租者变为服务者
> 限制政府权力:取消+监督
> **政府的自我革命**

使命负责,而不是只对或首先对政府负责;再譬如,等级区分权——我们的大学究竟办得怎么样,政府部门说了不算,而应由对学校生活有着刻骨铭心切身

体验的在校生与毕业生说了算，应当由懂得教育规律的教育行业协会说了算，应当由远离利益关系的第三方评价机构说了算。

第二，监督尚需政府把握的那些权力的行使过程。譬如，资源分配权。不能再让政府部门想分配什么就分配什么，想分配多少就分配多少，想怎么分配就怎么分配。政府的资源分配，必须实质性地依据科学论证，必须公开全部过程，必须接受资源分配对象的监督与评价，并承受相应的问责。

当然，限制政府的权力不会轻而易举，因为它要触动政府的"既得利益"。正如李克强所说"触动利益往往比触及灵魂还难"。而这里的一个真正麻烦的问题是，这件事在许多情况下还不得不由政府自己来做。也就说，政府得自己给自己戴上管制权力的枷锁、自己给自己捆上束缚权力的绳索、自己把自己关进限制权力的笼子。换句话来讲，政府得革自己的命。

但是，这也并非意味着就难于上青天！对于限制政府的权力，大学的民意早就不是一般的广泛与强烈，关键就在高层领导的决心。就好像前一段时间的限酒令、限车令一样，如果高层领导痛下决心，一级做给一级看，我想，政府的角色转变也不是遥不可及。而且，也不是所有事都需要国家最高领导来发话的。就现代大学制度建设这件事情来讲，教育部自身就有许多可以作为的空间。比方说，在取消那些完全不必由教育部掌控的权力方面，教育部自身也是可以一级做给一级看的。

有脊梁的大学

第二个前提性条件是"有脊梁的大学"。

关于这一点，我在最近发表的一篇文章里谈过，这里我想再稍微展开来说一说。在充满利益博弈与文化冲突的当下社会转型期，我想，没有什么事情是全都由单一因素决定的。我们不能指望，只要政府的角色一转变，现代大学制度建设就会马到成功。平心而论，中国的现代大学制度建设之所以步履蹒跚，责任不全在政府身上。作为建设的主体，大学自身也难辞其咎，因为中国大学自身普遍还缺少一个要害性的品格，这就是：脊梁。

我这里所说的"脊梁"有两层含义。第一层含义是信念。说的是大学在任何情况下，都应培养追求真理探索新知的人，从而将引领社会进步与服务社会作为自己的神圣使命。大学必须有这个信念。第二层含义是风骨。大学应当听命于内心的良知，应当遵循教育的规律，自由思考、自行判断、自主决定，不依附、不屈从、不谄媚。

对照这两层含义，当今中国有哪一所大学的校长真的敢拍着胸脯自豪地宣称他的大学是一所有脊梁的大学？他敢心口如一地说他的大学确实具有我这里所讲的信念吗？他敢面无愧色地说他的大学果真拥有我这里所讲的风骨吗？在"脊梁"的问题上，中国大学已经到了让人十分担忧的地步。许多人早就指出，我们的大学已经成了政府的附庸。其实，更确切地说，我们的不少大学在相当程度上甚至已堕落为官府的奴婢。我们有些大学校长所特别关注的，根本不是合乎神圣使命的实质性教育业绩，而是基于自身名利的数目化表格政绩；他们所特别介意的，根本不是学生与教师的幸福，而是政府官员的脸色。人们现在不是经常说"权钱交易""跑部钱进"吗？"权钱交易"，"权钱交易"，交易者是"权"与"钱"双方，大学就是其中的一方，而且是号称"作为社会文明进步引导者"的一方；"跑部钱进"，"跑部钱进"，跑部者也是大学自己。

因此，大学之所以没有自主办学、现代大学制度建设之所以踟蹰迟缓，并不完全是政府一手制造的结果，而是大学与政府之间进行利益的博弈、妥协、交换的必然产物。用法国社会学家布迪厄的话来讲，这是大学与政府共谋的产物。在这里，我们应当看到大学自身的品格滑坡与精神堕落。坦率地讲，即便说如今的中国大学普遍缺少精神的脊梁、普遍患有文化的软骨病、普遍染上利益的追逐症、普遍跪着生存也不为过。这其实也是许多大学校长的一种自我评价。

当然，许多大学校长也感到很委屈，因为重要的办学资源几乎都在政府部门的手里，你让我有什么办法？所谓人在屋檐下，哪能不低头？我觉得这样的说法不是不可理解，

> **有脊梁的大学**
> 脊梁的含义：信念＋风骨
> 跪着的大学变为站立的大学
> **大学的自我革命**

但这是否就能成为大学对于自身的品格滑坡、精神堕落予以辩护的充分理由？按照尼采的观点，大学"跑部钱进"的行为并不能完全解释为被逼无奈，它说到

底还是大学的自由选择。大学毕竟是大学，在现代社会中，大学是最应当有自己的信念、最应当有自己的风骨、最应当有自己的坚守的社会组织。大学如果没有自己的信念、风骨与坚守，它的存在本身就十分可疑，所谓引领与服务社会文明进步也就无从谈起。所以，大学自身也需要反思。

其实，对于官府本位的现行体制，对于政府部门的寻租行为，大学也是十分反感甚至极为厌恶的，几乎所有大学都在不断地抱怨、不断地批评、不断地呼吁。但是，在中国教育界，几乎可以称得上是奇观的一种现象是什么呢？这就是：抱怨归抱怨，服从归服从；批评归批评，执行归执行；呼吁归呼吁，观望归观望；明确的拒绝凤毛麟角，公开的抵制几乎没有。也就是说，对于政府部门的许多不合理控制，大家都在背后猛烈抨击，甚至是"咒骂"，但骂完之后仍然按政府的不合理要求去做，并尽可能做到最好，做完之后继续再骂，骂完了再接着一丝不苟地去做，这就形成了抨击与执行、骂与做之间周而复始的循环。于是，政府与大学之间的这种设租与交租、命令与服从的关系也就连续不断地被再生产出来。这才是中国大学的真正悲哀。

因此，我要说，中国的大学自身也是有毛病的，有严重的毛病；大学自身也是有污点的，有很脏的污点。大学不能只是马列主义手电筒照人，对政府马列主义、对自己自由主义。建设现代大学制度，不仅需要政府改变角色，也需要大学改变状态，也就是从"跪着的大学"变为"站立的大学"。我们不仅需要政府革自己的命，也需要大学革自己的命。

有力量的联盟

第三个前提性条件是"有力量的联盟"。

我们希望每一所大学都能直立起脊梁，但就现状来说，我们又很难指望任何一所大学独自地直立起自己的脊梁，哪怕是北大、清华。在当下中国，对于任何一所企图独自直立脊梁的大学，政府部门似乎都能轻而易举地阻挠它的进程，甚至把它打回原形。怎么办？

我想，我们是不是可以从中国式过马路现象中得到一种另类启发？（笑声)当其他行人都在规规矩矩等待绿灯时,一个人闯红灯难免有所顾忌,但是,假如身边的一拨人都有闯红灯的意向时,你的胆子和这拨人的胆子就都壮了起来,不知不觉地会壮起来。于是,只要有一点点闯红灯的骚动,你就会和这拨人"同舟共济"、毅然决然地闯过去。这个例子的内容本身也许并不怎么合适,但蕴含于其中的道理是合适的。

在大学的脊梁这个问题上,情况也同样如此。也就是说,如果许多大学联合起来,结成依法自主办学、进行现代大学制度建设的联盟,情况是不是会好得多?政府部门即便能轻易打压某一所大学或某些大学独自直立脊梁的行为,却难以阻挡一致行动的大学联盟群起直立自己的脊梁。

我们知道,中国现在已经有不少大学联盟。比方说:C9联盟(北大、清华等9所)、华约联盟(清华、南大等7所)、北约联盟(北大、复旦等10所)、卓越联盟(同济大学等9所)、高水平行业特色型大学战略合作联盟(东北林业大学、华东理工大学等13所)、长三角高校合作联盟(浙大、南大、复旦等8所)、沿海高校联盟(钦州学院、渤海大学、青岛大学、福建师大等16所)、高校就业联盟(西安理工大、太原科技大等7所)、中国法学"常春藤联盟"(北大、清华、中国人大等13所)、北京高校教学共同体(中国矿业大学、中国农业大学等19所)、湖北高校师范教育联盟(华中师大、湖北师院等16所)、安徽省应用型本科高校联盟(安徽科技学院、合肥学院等27所)、中国高校传媒联盟(210所加盟)等等。

这些联盟大致可分为三类。第一类主要是利益性联盟,比方说华约联盟、北约联盟、卓越联盟,它们是为了保护联盟内高校的招生利益而建立的,具有强烈的排他性。第二类主要是技术性联盟,比方说刚才提到的北京高校教学共同体、中国法学"常春藤联盟",它们主要是为了寻求教育教学面临问题的解决途径而建立的。第三类主要是拓展性联盟,比方说刚才谈到的中国高校传媒联盟,它是为高校校园媒体搭建的一种交流、共享、提高、互惠的合作平台。

我们说这些联盟对于高校之间的协作虽然有一定的作用,但并不是我这里所讲的大学联盟。对于推动现代大学制度建设来讲,我这里所讲的大学联盟至少应具备三个特征。

第一,它是有立场的。在推动现代大学制度建设方面,联盟必须有自己鲜明、执着的立场。这种立场应当基于对时代脉搏的准确把握、基于对大学生身心发展需求的深刻理解、基于对高等教育发展规律的正确认识,而不是源于领导人或者政府部门忽左忽右、忽东忽西的各种提法。

第二,它是有声音的。在推动现代大学制度建设方面,联盟既要对联盟内高校发出声音,促成最广泛的共识,更要对社会尤其是对政府部门发出声音,使这些声音成为政府决策时不得不考虑的重要依据。

第三,它是有行动的。在推动现代大学制度建设方面,联盟对于政府已经出台的正确、合理的方针和政策,应当给予鼎力支持,这也是我要强调的一点。而对于不合理的方针和政策,就应当予以负责任地批评、反对乃至在特殊情况下的抵制。

这样的联盟因为有立场、有声音、有行动,所以它是有力量的。因为它不仅是大学之间相互交流、相互勉励、相互促进的一种自助性的组织,而且也是推动政府转变角色的一种监督性群体。所以,它是一种生产性的力量。

这样的大学联盟通过一致发声、一致行动,可以给联盟内高校壮胆,使它们消除独自行事的后顾之忧,大胆进行建设现代大学制度的尝试。阿伦特曾经说过:"力量总是来自人们的共同行动",其实,一首中国歌曲的歌名说得更加言简意赅:团结就是力量。在大学联盟持之以恒的一致发声、一致行动的过程中,联盟内高校的站立意识也会不断增强,脊梁也会渐渐硬朗起来。

其实,现在要求建立现代大学制度、要求实现真正意义上的自主办学的呼声已经相当强烈,如果有勇当先锋者挺身而出,牵头组织,那么建立有力量的大学联盟应该不是天方夜谭。如果说这样的企图在三十年前、二十年前、十年前、甚至五年前还纯属白日做梦的话,那么,在开拓创新、攻坚克难这两个词语几乎已经成为国人的口头禅的今天,作为所谓现代文明引领者的大学的校长们难道还能战战兢兢地说"时机还不成熟、时机还不成熟"吗?

问题是:谁来牵头?当然是龙头高校牵头。龙头高校、龙头高校,我们的不少大学都喜欢把自己称之为"龙头高校",龙头高校不牵头还叫什么龙头?(笑声)对

> **有力量的联盟**
> 联盟特征:有力量、有声音、有行动
> 联盟性质:自律性组织+压力性群体
> **谁来牵头**

于全国性高校联盟来讲,北大、清华、人大、复旦、南大、哈工大之类的所谓龙头高校理应站出来牵头,因为这些高校集聚了中国高教界、中国知识界太多的所谓精英,因为这些高校一直从纳税人手中拿走太多的钱。这些高校既然可以为自己的招生利益结成同盟,为什么就不能为推动现代大学制度建设而拍拍胸脯站出来,牵头组织大学联盟?如果连这点奉献精神、这点拼搏勇气都没有,还妄谈什么建设世界一流大学?妄谈什么迈向高等教育强国?妄谈什么通过高等教育来强国?

当然,大学联盟不只限于全国性的,也可以有地方性的。比方说,北京市大学联盟、广东省大学联盟、陕西省大学联盟等等。还可以有类别性的,比方说,师范大学联盟、高职高专联盟等等。对于这些地方性、类别性大学联盟的建立来说,牵头者理应是本地区本类别中处于龙头地位的那些高校,这些高校也理应拍拍胸脯站出来。

上面所说的三个前提性条件,你也许会觉得都很困难——指望政府转变角色,不再设租寻租?谈何容易!指望大学直起脊梁、挺起胸膛?谈何容易!指望大学结成联盟,宣示立场、发出声音、采取行动?谈何容易!你要真这么想,真的什么都不做、守株待兔的

前提性条件
服务型的政府
有脊梁的大学
有力量的联盟
若无改观　便成空谈

话,那么,现状就永远不可能得到真正的改变,现代大学制度建设就永远不可能真正取得成功。如果在这三个前提性条件方面没有任何实质性改观、一切都依然如故的话,那么我敢打赌,我们今天在这里将要谈论的关于现代大学制度本身的种种理论阐述、关于现代大学制度建设本身的种种实践主张,最终不是难免流于清谈与空谈嘛。就是杯水车薪、无济于事。

不好意思,今天是壮着胆子说了上面的这番话,希望没有得罪到谁。(笑声)谢谢!

(2013年5月18日,金华)

一流大学建设应当放眼世界——为什么世界

各位同仁：

  首先很抱歉讲这么个题目。因为这次情况有点特殊，所以没有能够事先查询一下有关学术文献，而是匆匆忙忙闷着头起草了个提纲，然后就在电脑上噼里啪啦地敲了起来。今天敲一点，明天敲一点，等到敲得差不多了，看看时间还来得及，那就上网浏览一下吧。一浏览，发现糟了！原来"世界一流大学建设"这个问题已经被不知道多少人谈论了不知道多少回合了。其他人就不说了，就说王英杰老师吧。王老师早在 2001 年就发表了《规律与启示——关于建设世界一流大学的若干思考》，2003 年又发表了《关于世界一流大学建设之路的思考》。我觉得这两篇文章已经把世界一流大学建设的一些基本问题讲得很清楚、讲得很透彻了。（笑声）我现在再来谈，那不等于欠揍吗？（笑声）而且更重要的是，我连在"国内"一流大学的江湖里喝上一口水的机会都没有，哪里还有什么资格来谈"世界"一流大学建设呢？真是越想越觉得自己不知道天高地厚。（笑声）所以我在这里首先对我接下来的发言做个定性，定性为胡说八道、信口雌黄。（笑声）好在在座各位都比较宽容，尤其是王老师，（笑声）他就非常地宽厚、特别地仁慈，就喜欢听我胡言乱语、信口雌黄。所以，我就壮着胆子来汇报一下自己的体会。

我觉得，既然要谈"世界"一流大学的建设问题，那么，一个基本的出发点、一个必不可少的视角，就是"世界"。因此，"放眼世界"也就不能不成为我们的所谓世界一流大学建设的一个指导方针。为什么？我想从三个方面展开来谈一谈。

一、世界一流大学建设应当促使大学引领世界进步

首先是建设的目的，也就是"为何建设"的问题。我们究竟为什么要建设世界一流大学？为什么？我的回答是，应当是为了促使大学引领世界进步。

不知道各位会不会觉得我这话说得有点大？不要紧，请听我慢慢说下去。当然，有人可能马上就会有疑问：引领世界进步？你什么意思？我们现在不是都在讲为了实现中华民族伟大复兴这个"中国梦"来建设世界一流大学的吗？你却说是为了促使大学引领世界进步。你什么立场？还有没有一点爱国情怀？

我想，且不说在当下中国，相当一部分政府官员和大学领导并不是为了国家利益才参与世界一流大学建设的，即便所有参与者都是为了"中国梦"，也不能就此否定世界一流大学建设的根本目的应当在于促使大学引领世界进步。为什么？主要有三个原因。

第一，大学本来就应当是一种世界性的存在。

各位比我清楚，在英语里面，"大学"（university）和"宇宙"（universe）这两个词的词根是同源的，大学本来就是为了探索超越具体国界的普遍性知识而创建出来的。在我看来，大学虽然坐落在某个城市、坐落在某个地区、坐落在某个国家，但它其实只是栖身于这个城市、栖身于这个地区、栖身于这个国家，大学的精神追求

> **大　学**
> 坐落在国家
> 栖身于国家
> 指向于世界

和价值实现并不仅仅局限于这个城市、局限于这个地区、局限于这个国家,而是应当指向整个世界、整个人类。要不然,我们为什么都那么欣赏哈佛大学"与真理为友"的校训?这里的"真理"既包括自然演进的真秘,也包括社会进步的真知。真理是没有中国人的真理和美国人的真理的区分的,是没有男人的真理和女人的真理的区分的,是没有穷人的真理和富人的真理的区分的。真理属于人类、属于世界。世界的进步、人类的幸福依靠的就是真理。世界一流大学建设,不能不把促进和确保大学去探求真理、引领世界进步作为根本目的。从我的语音语调,大家可以听得出来我强调的是什么。

第二,大学为国家服务也是一种为世界服务。

虽然大学并不是由世界出钱来办的,虽然大学的经费通常是由它所在城市、所在地区、所在国家的公民来承担的,虽然因为这个缘故,大学为它所在城市、所在地区、所在国家的利益服务也是理所当然、天经地义的,但是,这同样不能否定大学的"世界性"。道理很简单,世界不是一个空囊,世界是由具体的国家、具体的地区、具体的城市构成的。我们说大学为具体城市、具体地区、具体国家服务,其实这也是为世界服务、为人类服务的一个组成部分。要不然,我们怎么来理解中国西部脱贫人口的大量增加其实也是为世界脱贫人口的增加作出了巨大贡献呢?要不然,我们怎么来理解浙江的龙泉青瓷也是一种世界非物质文化遗产,是人类共同的文化财富呢?

> 世界并不是空囊
> 为国家即为世界

第三,大学尤其是世界一流大学为它所在城市、所在地区、所在国家的利益服务是有价值前提的。

这一点是最重要的。这个价值前提就是所谓城市利益、地区利益以及国家利益必须符合世界进步的要求、人类幸福的要求。但大量事实表明,各级政府或者政府部门——不管是哪个国家——所以为、所声称的城市需要、地区需要以及国家需要,其实未必就是这个城市、这个地区、这个国家的真实需要,未必

> 海德格尔的"效忠"
> 聂元梓的"大字报"
> 大学的"跑部钱进"

就是同世界进步、人类幸福的要求相吻合的正当需要。这样的话，大学对于各级政府或者政府部门所以为、所声称的社会需要就应当作出自己的价值判断。判断的依据就是是否符合世界进步的要求、是否符合人类幸福的要求。要不然，大名鼎鼎的德国哲学家海德格尔，在1933年就任弗莱堡大学校长时的演说中，向希特勒宣誓效忠的行为不就变得无可厚非了吗？要不然，1966年北京大学原哲学系党总支书记聂元梓抛出"全国第一张大字报"的行为不就无可非议了吗？要不然，就在几年前还比比皆是的国内大学争先恐后"跑部钱进"的行为不就理所当然了吗？要不然，如果——我讲的是"如果"——我们的政府再次推出高等教育急剧大扩招之类的严重违反大学办学规律的昏招时，全国高校不就依然可以心安理得地一哄而上了吗？

所以，大学尤其是世界一流大学，从根本上讲是世界的、是人类的。著名音乐人高晓松有一句现在流传很广的歌词，叫做"生活不止眼前的苟且，还有诗和远方的田野"。（笑声）我这里不妨套用一下他的句式，来界定一下大学，我说"大学不止眼前的苟且，还有诗和世界的视野"。这里的"诗"绝不是缥缈的，这里的"世界"也绝不是遥不可及的，它就是我们真正的大学人心中的那个神圣使命——"引领世界进步"。所以，世界一流大学建设的根本目的，就是要通过建设——假如你一定要建设的话——使得我们的大学能够或者更加能够引领世界进步。我以为，这是世界一流大学建设的第一常识。

二、世界一流大学建设应当激励大学赢得世界公认

在"为何建设"之后，接下来便是"据何建设"的问题。既然是要建设世界一流大学，就不能不按照某种世界标准，因为你不是要建成国内第一、亚洲第一。如果不按世界标准来建设，而只是自说自话我行我素，如果建设的结果得不到世界公认，而只是王婆卖瓜自卖自夸，那只会在世界一流大学建设史上成为笑话。

问题是，这个世界标准在哪里呢？当然不在统一的明文规定中，我想，恐怕永远也不会有这种统一的明文规定。但我觉得，这个世界标准还是有的，它

为什么世界一流大学建设应当放眼世界

大致体现在两个地方——请各位先不要急着反对,先不要直接就讲我这是胡说八道——一个是体现在世界认可程度较高的那几个著名的世界大学排行榜的评价项目之中,一个是体现在大学昂首挺立于社会之中所不可缺少的那些"办学品质"当中。

这就不能不先要说到所谓世界大学排行榜。我很赞同香港大学程介明先生的一个观点。他说,真正的世界一流大学不紧张自己的排名。但是,我们也得承认,那几个著名的世界大学排行榜也不是胡乱编造出来的,它们当中的评价项目应当说含有可对大学综合实力进行判断所必须涉及的一些主要方面。到目前为止,我们还没有发现哪一所为世界所公认的一流大学在这些排行榜中不是名列前茅的,尽管它们在不同排行榜中的具体位置可能有所差异。在这个意义上,我们可不可以说世界一流大学建设有一个"硬标准"——这个"硬标准"是要打引号的,也就是在大学排行榜中进入到某个一流区段。这样来看的话,这些排行榜所表明的可不可以说就是大学的"硬实力"的强弱呢?当然,对于中国大学来讲,尤其是对于中国大学的人文社会学科来讲,这些排行榜是有问题的,那是需要提高的。

但是,真正的世界一流大学不仅仅是靠硬实力来说话的,而且还必须有"软实力"的支撑。这个软实力就是我这里所讲的大学之所以能昂首挺立于社会之中的"办学品质",包括:使命第一、学校自主、学术自由、教授治校、选举产生校长、民主管理,等等。当然,你们也可以把这些称之为办学的"元素",但是我宁愿把它们看成是办学的"品质"。尤其是对当下中国的大学来讲,是品质。但麻烦也在这里,任何一个大学排行榜都不可能对这些办学品质通过量化的手段来进行评价和排序。而且,更重要的是,对于许多高等教育发达国家来讲,这些办学品质并不只是世界一流大学所特有的,而是任何一所真正的大学——用胡适的话来讲是一所"像样的大学"——都应当具备的,是关于大学办学的一些起码常识,一些不言自明的前提。也正因为如此,这些办学品质虽然是一种"软实力",但我宁愿把它们说成是"硬标准"。

> 大学排名——硬实力
> 办学品质——软实力

但是这样一来的话,我们国内的大学是不是就比较麻烦了?就特别为难了？其他高校就不说了，就说北大、清华吧。可以想象，经过国家不惜血本的巨额投入和学校从上到下——是不是"从上到下"也可以另说——艰苦卓绝的持续努力，这两所学校在世界大学排行榜中的名次应该是会不断攀升的，攀升到前50、前40、前35、前30、前25，甚至进入到前20，终于跻身于第一方阵。但是，那又怎么样呢？那又能说明什么呢？当然，可以说明硬实力。但是，如果这两所学校并没有做到大学的神圣使命至上，而是依然相当苟且地生存发展的话；如果这两所学校并没有真正的学术自由，而是依然常常热衷于指鹿为马的研究的话；如果这两所学校的教授们就像刚才王老师所讲的那样并没有真正的话语权，而学校依然是行政权力恣意横行的话；如果这两所学校的校长并不是由教授们选举产生的，而依然是由政府任命并且乐颠乐颠地享受副部级待遇的话；如果……不如果了，如果这两所学校的办学品质依然没有根本改观的话，那么，我们说这两所大学也很难称得上是真正的世界一流大学，哪怕它们在世界大学排行榜中进入到前10、前5，甚至跑到哈佛的前面去。因为，它们很难得到世界同行发自内心的尊重和赞许。

所以，对于当下（请注意我强调的是"当下"）中国大学来讲，要想成为世界一流大学，就必须同时具备硬实力与软实力这两种标准，缺一不可。而相对来说，达到软实力（也就是办学品质）的标准显然更难，因为它不是单凭大学自身努力就可以实现的，它是需要政府心口如一、言行一致地"还权"的。我这里本来用的是"放权"，因为大家都喜欢讲放权，放权好像是我恩赐于你的。这不对！应当是还权，也就是把本来属于大学、本来属于教授、本来属于学生的那些权力（力量的"力"）以及权利（利益的"利"）还给大学、还给教授、还给学生——龚放插话：你还要再加上一个还权，重要的事情说三遍！（笑声）吴康宁回应：重要的是，龚放说三遍。（笑声）此处应该有掌声。（掌声）——这样一种还权行动，看起来似乎是世界一流大学建设进程所必须打通的"最后一公里"，其实应当是打通的"最初一公里"，因为没有这种真正的还权，我们的大学很难具备作为世界一流大学所必备的那些办学品质，就不可能无所顾忌地、心无旁骛地去探求真理、引领世界进步。

政府还权
"最后"一公里？
"最初"一公里！

我想，一定会有人反对我的这个观点，而且多半会从"中国特色"的角度进行批判。我胆小，所以我先预防性地做几点声明。第一，我绝对赞同"中国特色"。不讲中国特色，怎么能体现我们聪明绝顶、智慧过人？（笑声）事实上，我最近的一本书的书名就叫《教育改革的"中国问题"》。第二，不能以"中国特色"为借口来拒绝已经被世界一流大学发展史反复证明了的办学规律和办学常识，我们不能站在办学规律、办学常识的对立面来谈中国特色。第三，不能把已经被我们自己的办学实践反复证明是荒谬的、不合理的、漏洞百出的一些东西硬要规定为我们的中国特色。第四，顺便报告一下，我上了一下中国知网，把凡是标题中含有"世界一流大学"字眼的所有八百多篇文章极为快速地浏览了一下，结果非常郁闷。为什么呢，因为凡是谈到世界一流大学建设应当体现中国特色的，绝大部分都很空、很假、很虚。即便有极少数文章所谈的中国特色稍微有些实在一点的内容的，你也会发现，这些所谓"特色"也并不是中国所特有的。比如，一流大学建设要考虑到当地的、本国的历史文化境脉啦，应当为国家发展战略做贡献啦等等，真正的世界一流大学都是这么做的，那就很难说是什么中国特色了。也有的文章说我们的世界一流大学建设必须在××××××思想指引下等等，那肯定是中国特有了，那是世界顶尖大学都没法和我们比拼的。就好像如果朝鲜人说他们要把平壤大学建成在金日成主体思想指引下的世界一流大学的话，那就不光是美国人了，就是我们中国人，恐怕也只好说一声"呵呵"了。（笑声）

> **关于"中国特色"**
> 不能没有"中国特色"
> 不能扭曲"中国特色"
> 不能假冒"中国特色"
> 不能架空"中国特色"

因此，世界一流大学建设的标准应当是世界的，建设成果应当得到世界公认。这可不可以说是世界一流大学建设的又一条常识？

三、世界一流大学建设应当推动大学面向世界开放

在"为何建设"与"据何建设"之后，最后就是"如何建设"的问题了。这个问题涉及许多方面，这里我只从"放眼世界"这个角度，简单强调一下世界一流大学建设需要"面向世界开放"。

我的逻辑非常简单。既然是建设世界一流大学，那么，在不影响国家安全的前提下，在不违反法律规定的前提下，希望跻身于世界一流行列的那些大学，

> 最大限度开放学校
> 最大限度利用世界

应当使自己的办学体系中的一些基本要素最大限度地向世界开放，包括教师队伍的构成、招收学生的来源、课程计划的编制、教科书的选择、研究项目的开展、办学经费的筹措等等，以便最大限度地把可为我所用的世界一流的优秀人才、先进文化以及成功经验吸纳进来，促进办学体系的改善、改良、改革乃至改造，使得自己的办学体系真正体现出世界性。说得稍微煽情一点，就是让世界融入我们的大学，让我们的大学融入世界。

这样来看的话，"面向世界开放"不一定是一般大学建设的必要前提，但却是世界一流大学建设的必由之路。很难想象一所拒绝面向世界开放，而只是自成一统的大学，最终竟能成为世

> 国家大学
> 世界大学

界一流！从几个世界大学排行榜中位于前30名的大学来看，几乎没有一所大学的办学体系不是面向世界开放的。在这个意义上，这些大学尽管是美国的大学、英国的大学、瑞士的大学、加拿大的大学等等，但它们其实在相当程度上同时也是"世界大学"。所以，推动大学向世界开放可不可以说是世界一流大学建设的又一条常识。常识也许不止这三条，但我限于自己的能力，在"放眼世界"这个角度上，就讲这三条。

现在都喜欢讲"回头看"，我这里也来个简单的回头看。我主张放眼世界来进行世界一流大学建设。我主张我们的世界一流大学建设必须促使大学引领世界进步，必须激励大学赢得世界公认，必须推动大学面向世界开放。如果做不到这三条，那么，所谓的建设世界一流大学到头来只会变成一种游戏，一种看上去非常庄严而实际上相当苟且的游戏，一种大学和政府部门之间相互忽悠的游戏，一种井底之蛙自说自话的游戏，一种毫不心疼地浪费纳税人的钱，同时也浪费自己的生命时光的游戏，如此而已。当然，我讲的是"如果"。你们信不信？你们不信，反正我信。（笑声，掌声）

（2016年5月7日，金华）

为什么大学校长领导力普遍低下

尊敬的主席、各位同仁、各位同学：

真的是非常感谢眭依凡教授！他相当地善解人意，他知道我这段时间心情不好，就让我参加这个论坛。(笑声)他知道我参加这个论坛，肯定会非常地放松。确实是这样，为什么呢？因为我在高等教育研究领域完全是个外行，所以到这里参加论坛也就是个打酱油的，打得到酱油我就赚了，打不到酱油我也没失去什么，(笑声)这可能就是我和在座的其他各位报告人的一个根本区别。尽管这么说，在拿到邀请函之后，还是想好好准备一下。

一开始呢，我想对"大学领导力"做一点思考，但后来发现很难想明白。这个大学领导力到底是个什么东西？谁是领导者？领导谁？既然是大学领导力，领导的主体当然是大学，但是它究竟领导谁呢？它总不能领导大学自身吧？因此，从概念逻辑上来讲，可以说是大学领导中学，大学领导企业，大学领导社会。但是，这都不对呀！大学和中学、大学和企业、大学和社会之间可能会是一种合作关系，也可能会是一种竞争关系，还可能什么关系都没有，但恰恰不是领导与被领导的关系。大学领导不了中学，领导不了企业，也领导不了社会。所以，这就比较麻烦。

后来一想，"大学校长领导力"还是可以说的。作为一校之长，他要对全校的事业发展负责，对全体师生员工进行领导。事实上，大学校长领导力也是当下中国高等教育需要特别关注的一个问题。因为，大学校长领导力的普遍低下已经成为当今中国高等教育的一个令人十分难堪的事实。但什么叫做大学校长领导力低下呢？我不知道高等教育研究专家们会怎么说，从我的角度来理解，大学校长领导力低下就是指大学校长很难以教育理想为指引，很难用符合教育规律、教育常识的办学思想和行动纲领去凝聚学校共识，充分发展大学生的才能与个性，培养国家需要的人才。他能做到的话，就是有领导力；他做不到，就没有领导力。这里面没有多少深奥的道理。

可是，对于大学校长领导力普遍低下这个事实，说实话，我们也很难通过实证研究给予具体证明。其实，也不需要这种证明，因为它就是我们现在几乎每天都能感受到的一种事实、一种状况。为什么会这样呢？原因很多，但在我看来，大学校长领导力普遍低下的一个重要原因，就在于他的角色是扭曲的。他的"本源性角色"和"附加性角色"牵扯在一起、纠缠在一起，使得大学校长们常常不得不因为扮演附加性角色而耽误了本源性角色的承担。这里我要声明一下，在座的书记比较多，我们要撇开书记来谈，（笑声）尽管实际上撇不开，但我还是想撇开。（笑声）下面我想从三点来谈。

教育家的使命·政治家的要求

第一点，叫做"教育家的使命，政治家的要求"。

从昨天上午到今天，都有人在谈这个问题，我想从我的角度来报告一下自己的体会。

大学校长应当是什么样的人？大家可能会说，你提的这个真是低智商的问题。大学校长应当是什么样的人，这还用说吗？这不是常识吗？什么样的人才能当大学校长？我以为，大学校长应当是教育家，尽管这需要有一个过程，但他应当是教育家，应该由教育家来办大学，这是毫无疑问的。理由非常简单,也是我们成天挂在嘴上讲的,这就是:只有教育家才能办大学,只有教育家才能自觉地实践教育理想,真正地遵循大学的办学规律和办学常识。换句话讲,对于大学校长来讲,教育家是他的一种"本源性角色",尽管这种角色扮演的成熟有个过程。以教育家的理想、教育家的精神、教育家的状态、教育家的行动来办大学,这是大学校长的使命。这可不可以说是关于大学校长角色的第一常识。

但是我们看到,如今的大学校长们很难专心致志地履行教育家的使命。为什么?一个特别重要的原因,是因为外部社会对于大学校长还提出了一个要成为政治家的要求。但是,从人才培养尤其是创新人才培养的角度来看的话,政治家的要求,尤其是我们国家的语境当中,政治家的要求和教育家的使命这两者常常会发生矛盾和冲突。我讲的是"常常",我没有讲"总是",具体的就不展开了,时间也不允许,你懂的。(笑声)

我们说实践是检验真理的唯一标准,就我们国家大学校长的办学实践来看,一旦政治家的要求和教育家的使命发生矛盾和冲突,最后作出让步的无一例外都是教育家的使命。当然,我们说不少大学校长不仅有学术的才华,也有管理的才能,而且还有相当的政治修养和政治才干。我们从西方高等教育发达国家来看,不少的大学校长从校长岗位卸任之后甚至是在任期间就应召入阁了,他可以成为很优秀的政治家。但问题是,只要他在校长的位置上,他所履行的就是教育家的使命。不管他为了履行这个使命还有多少其他的途径,有些什么样的手段,这些我们都不管,他履行的就应当是教育家的使命。他的全部任务,就在于把他的大学办成一流的、优秀的或者富有特色的高等学府,而这样的高等学府之所以是一流的、优秀的或者富有特色的,首先就在于它能够培养一流的、优秀的或者富有特色的人才。

所以,在这个意义上,我们说大学校长——我没讲书记,再次申明——可以不是政治家,但不能不是教育家。讲得极端一点,大学校长只能是教育家而不能是政治家。其实这个观点,昨天好几位报告人都已经谈到了。但是我要申明,今天我会有很多的申明,我不是说大学校长不应该过问政治,不是说大学校长、大学教育就和政治毫无干系,我没这么说,也没这么想。更不意味着,大学校长、大学教育对于国家的政治发展毫无贡献，完全不是这样的。相反，我是搞社会学的，我还强调这一点。事实上，大学校长根据教育的理想，遵循教育规律，服从办学常识，带领全校教职员工去充分发展学生的才能与个性，培养社会所需要的各种人才，尤其是创新人才，这本身就是对国家发展经济、改善政治、繁荣文化的最大、最根本的贡献。放到我们当下的语境来讲，它也就是服务了中华民族伟大复兴这样一个最根本的政治任务。

因此，大学校长为符合民族根本利益的政治服务，不一定非要成为政治家，没有必要把"政治"这两个字成天挂在嘴上、写在脸上。所以，在我看来，要求大学校长成为政治家，要求大学校长同时扮演好政治家和教育家这两种角色，而且实际上要求大学校长

> **常识之一**
> **教育家：本源性角色**
> 办学规律、办学常识
> **政治家：附加性角色**
> 政治要求、政治规限
> 不应勉强成为"政治家"

首先扮演好政治家角色，它的后果一定是妨碍大学校长履行教育家的使命，这在实践中已经屡屡表明。原因我在前面讲过，政治家的要求和教育家的使命常常会发生矛盾和冲突。我们也看到一些大学校长，他们的政治家意识很浓，教育家使命很淡，他们的言行举止不太像高等学府的带头人，甚至带有浓厚的政府官僚气息。昨天韩延明老师用了一个词，我这里就不用了。（笑声）各位看我在讲的时候带有表情、带有姿势，其实我还是从非常中性的角度来讲的，我实际上也在进行理论的论证和实践的证明。就是说一个大学校长如果首先关注的不是人的成长，不是人才的培养，而是所谓政治正确的话，那么，全校师生员工对于他的内心，对于他的动机，对于他是否有能耐作为舵手带领学校这艘航船乘风破浪健康前行，会不会产生怀疑呢？他在全校师生员工当中能不能确立起真正的威信呢？如果不能的话，所谓领导力从何谈起呢？我觉得这是一个简单的逻辑问题。是不是？因此，教育家是对于大学校长角色一个基本要求。在这个问题上，不宜节外生枝。我们可以关注大学校长政治素养的提高，而且他也应当提高政治素养，但这并不意味着对大学校长一定要提出成为政治家的要求，这在理论上说不通，迄今为止的实践也没给出成功的范例。这是第一点。

代表者的身份·服从者的选择

第二点,叫做"代表者的身份,服从者的选择"。

校长、校长,一校之长。作为一校之长的大学校长,代表者是他的本源性角色。但是,我这里讲的"代表者"是双重含义。

第一层含义是"国家代表者"。也就是大学校长在法律的框架下代表国家办大学,他是法人代表。在这层含义上,可不可以说大学校长是国家通向大学的一座桥梁。当然,桥梁也不是他一个人支撑的,我权且这么说。

第二层含义是"学校代表者"。矛盾吗?不矛盾!因为,大学校长同样是要在法律的框架下代表学校发出声音、提出诉求、谋取利益。一个真正的大学校长有几个不是这样的?他必须这样,必须在一定程度上是这样。那么,在这层含义上,大学校长也是他所领导的大学通往国家的一座桥梁。说大学校长是国家代表者,那就意味着国家把办学的权力交给了他。我这里只能从道理上来讲,事实怎样暂且不说。那么,大学校长有权依法带领全校教职员工来自主办学,只要国家的期待本身是良善的、正当的、合法的,大学校长就必须对国家负责。你不能说因为自主办学,国家、民族的事情就统统不管了。

说大学校长是学校代表者,也就意味着全校师生员工的利益维系在他身上。学生的成长、教职员工的利益、学校的发展等等,他不能不管。只要学生的发展和师生员工的期待是合情的、合理的、合法的,大学校长就必须对学校负责。所以,真的很难。你说这两者我只对其中一者负责,行吗?只对学校负责,而对国家不负责,行吗?不行!只对国家负责,而对学校不负责,行吗?也不行!所以,可以不可以说当好这两个代表者是关于大学校长角色的第二个常识。

但是在当下中国,这确实太难了。相当多的大学校长都没有扮演好这两种代表者的角色,他甚至也不大有可能顺畅地扮演好这两种角色,为什么呢?因为有一种角色在起着巨大的干扰作用,这就是"服从者"。服从谁?服从政府部门。但问题是,服从政府部门怎么就妨碍大学校长承担代表者的角色了呢？许多人会说，国家和政府不是一回事吗？并不完全是一回事！原因很简单，就是因为在官府本位特征依然十分明显的管理体制下，大学的重要办学资源主要都掌控在政府部门手中。而且，在依法行政意识极其淡薄的大环境下，在畸形的政局观、外行的发展观的支配下，政府部门在配置办学资源的时候，有权就"任性"已经成为这么多年来我们高等教育发展中的一个普遍事实。政府部门出台的那么多的关于高等教育的规划、计划、工程、意见、办法当中，其实有相当一部分其本身就是不符合国家的法律精神与法律规定的，包括了国家关于高等教育的法律法规，就是违反大学办学规律、办学常识的，这必然会妨碍大学的人才培养。按理说，在这种情况下，大学校长们应该怎么做呢？当然是要从国家根本利益出发——注意，我讲的是"国家"，我没讲"政府"——从人才培养实际需要出发，从学校健康发展要求出发，来进行必要的批评和反对。但要命的问题在于，我们的公办大学都是政府管着的，所谓教育部管辖的大学、教育厅管辖的大学，对不对？现在还有市管辖的大学。我们的大学校长都是经过政府部门认可以后，并且经过一定的组织程序任命的，实际上是政府委派的。这就使得我们的政府部门和大学之间，我们的政府官员和大学校长之间，实际上在相当程度上存在着一种领导与被领导的关系。在这样一种关系结构中，服从政府官员、服从政府部门，也就成了中国大学校长一种普遍的行为常态。是不是这样？因此，"服从者"就成了大学校长不得不常常扮演的一个角色。问题就在这里。一旦政府官员、政府部门对于高等教育的价值取向、决策选择以及行动计划同国家的根本利益并不相符，在这种情况下你还要服从它的话，那你就不可能很好地扮演国家代表者的角色了。这是问题的一个方面。

同样的道理，正因为大学校长是组织任命的，是政府委派的，而不是全校教师选举产生的，所以，当政府官员、政府部门的价值取向、决策选择和行动计划等等与学生的健康成长需要相悖的时候，与教师的合理利益诉求相违的时候，与学校的科学事业发展相左

> 常识之二
> **代表者：本源性角色**
> 代表国家、代表学校
> **服从者：附加性角色**
> 服从政府、服从组织
> 改变大学校长产生方式

的时候,大学校长就很难总是做到首先对学校负责、首先对全校师生员工负责,而且常常不得不在政府官员不合理的要求面前低下头来,委曲求全。有的时候我们自身也有感受,王(英杰)老可能感受更深。我们有的时候为了执行政府部门的一些不合理规定,还得做全校师生员工的思想说服、沟通工作,对不对?这个时候,大学校长也就把学校代表者这样的角色丢在了一边,事实上丢在了一边。所以,一个很盛行的说法是,我们国家不是校长在办大学,而是政府官员在办大学;不是教育家在办大学,而是教育部、教育厅在办大学。还有一个比喻,前面好像是叶之红老师也提到的,就是政府部门是掌舵的,大学校长是划桨的,书记也划着桨——不好意思,又说到书记了。其实,我和许多书记都是好朋友,凡是和我是好朋友的书记都是好书记。(笑声)玩笑归玩笑,我还是要严肃地思考问题。我们说,如果一个大学校长,他既不能真正地代表国家,又不能充分地代表学校,学校师生员工凭什么要高看你一眼呢?凭什么对你心服口服呢?你的领导力又从何而来呢?这不是一个简单的事实吗?

因此,在这个意义上,也仅仅在这个意义上,我们说,有必要改变大学校长的产生方式。应当采取选举的方式,由候选人阐明自己的办学理念和办学主张,由全校教师或者教师代表选举产生。当然,考虑到中国国情,选举结果可以由组织部门予以审定,这是必要的而且也是必须的。因为,万一选出个无赖来呢?对不对?但是,在通常情况下,只要程序合法,只要当选者的办学理念和办学主张合法,组织部门就不需要也不应当否定选举结果。如果依然采取迄今为止一直沿用的委派方式的话,那就不可能改变大学校长遇事首先对政府官员、对政府部门负责这样一种行为取向,大学校长也就依然很难去很好地承担国家代表者和学校代表者的双重代表者角色。

领导人的职责·学术人的念想

最后一点,"领导人的职责,学术人的念想"。

关于这个问题,我非常同意龚放老师刚才的一番阐述。我最怕的就是在他后面发言,我要讲的全被他讲掉了。(笑声)

不用说，大学校长是领导人这一点是毫无疑问的，他是拥有几千乃至几万师生员工的高等学府的领导人。因此，"领导人"是大学校长的第三个本源性角色。你不能说你不是领导，你用不着谦虚，你已经不是群众了，你毫无疑问就是领导人。

作为领导人的大学校长，他肩上的担子真的很重。我简单列举几项：

——他需要深刻认识国家与世界高等教育发展的特征和趋势。为什么呢？因为他要准确判断学校发展的可能空间和正确方向。

——他需要科学制订学校发展的长远规划和近期计划。为什么呢？因为他要据此来积极争取各种各样的办学资源。

——他需要合理制定一些政策。为什么呢？因为他要充分调动全校师生员工的积极性。

——他需要妥善处理校内外各种各样的关系和矛盾。为什么呢？因为他要确保学校有一个健康和谐的内部环境和相对很大的外部环境。

我们说，在当下社会转型期、改革的"深水区"，在如今这样一种现实境况中，大学工作的繁复性、繁多性、艰巨性、多变性，可以说前所未有，真的是前所未有。所以，身为大学校长，再怎么举重若轻，再怎么治大校若烹小鲜，他也必须全身心投入，必须全时间投入。这是我的观点。刚才还在向王老师请教，下面就谈谈向王老师请教后的学习体会。

全身心投入对大学校长而言是一种什么样的要求呢？它要求大学校长在任期间应当把"领导学校"作为自己唯一的工作职责，只要你是一个真正的大学校长。一个称职的大学校长对于领导学校的工作一定是如履薄冰、如临深渊、深入细致、克勤克俭，他不敢有一丝一毫的怠慢和分心。事实上，我们说领导大学这样一种职责，已经不允许大学校长还能像普通教师或者学科带头人那样，完全按照既定课程表走进课堂，已经不允许他还能像普通教师一样废寝忘食地待在实验室里，坐在书房里，或者外出进行观察、调查、访谈等等的研究活动，尽管许多教师现在已经不废寝忘食了。他不能因为要及时处理随时可能发生且不能有任何耽搁的学校工作而经常调整上课时间，或者随意中断研究进程。这可以不可以看成是关于大学校长角色的第三个常识，这就是：领导人。

但是，在我们这里，违反常识的现象确实是屡见不鲜，而且违反常识本身也已经成为一种常态，成了一种常识。在领导人和学术人这两种角色之间来回地游走，在学校工作、个人学术这两种活动之间不断地穿梭——我讲的学术包括教学与科研，宽泛地讲，学术是包括这两方面的——这就是我们中国大学校长普遍存在的一种反常识的常态、反常识的常识。刚才龚放老师讲的"双肩挑"就是这样的常态和常识。"双肩挑"现在已经不是一个一般的形容词了，它已经成了一个术语了，甚至成了政府文件中的一个概念，政府文件中也经常出现"双肩挑"这个词。在我们国家，教师出身的大学校长，绝大多数都是"双肩挑"的。那么，大学校长为了兼顾自己的教学和科研，就只能时不时地从领导学校的工作当中抽身而去，只能减少投入领导学校工作的时间和精力，以此为代价。

其实，正如刚才龚放老师讲的那样，"双肩挑"是一个很搞笑的概念，真的是很奇葩。现实生活中有谁见过两个肩膀都挑着东西还健步如飞的？一个也没有。"双肩挑"的结果，必然是两个肩膀的担子不断地磕碰、不断地打架。人的精力是有限的，投入领导学校工作就得暂时地放下教学科研，投入教学科研就要暂时地放下领导学校工作，一心是不能二用的。你不能一边主持着学校会议，一边还琢磨着实验室中正在进行的你负责的实验；你不能一边处理着计算机数据，一边还担忧着学校刚刚出台的政策会不会影响到许多教职工的情绪。分心分神、紧张焦虑的结果，必然是既耽误学校的工作，成为一个不称职的领导者，也影响教学科研，成不了地道的学术人。

所以，我刚才和王老师在讲，世界上像样的大学的校长从来都不可能是顶尖的科学家，也不需要顶尖的科学家。所以，担任大学领导人的职责，就不宜再有学术人的念想。这是我今天的认识，以前不是这样的。大学校长在任期间必须有所放弃，或者基本放弃他的教学科研，全心全意、全力以赴地领导学校发展。如果不是这样，如果大学校长在领导学校工作时还经常惦记着自己个人的学术发展、个人的教

> **常识之三**
> **领导人：本源性角色**
> 校长唯一工作职责
> **学术人：附加性角色**
> 违反常识的"双肩挑"
> 大学校长不宜有学术人念想

学科研成果,时不时地身在曹营心在汉,而且还因为他在校长的位置上占用着或者常常"被"手下配置了远多于普通教师的资源的话,你说广大教师怎么看学校?这样的校长又怎么可能具有足够的领导力?所以我讲的都是很简单的事实。

总而言之,当好教育家,当好代表者,当好领导人,可以说是关于大学校长角色的三条常识,也是大学校长能够获得与提升领导力的三个必要前提性条件,其他都别去扯了,什么结构啊、框架啊。而要想使我们的大学校长能够切实地当好教育家、当好代表者、当好领导人,就有必要提供一些必要的制度保障——不要勉强大学教师成为政治家;改变大学校长的产生方式,哪怕是一定程度上的改变;取消大学校长"双肩挑"的做法。这都是些重要的制度保障。所以,我这里所讲的真的没有什么理论的含量,没有什么学术的所谓意蕴在里边,它其实也没有什么新颖的观点,它其实就是活生生的大学办学实践每天都在向我们展示、每天都在向我们诉说的一些规律、一些常识。所以,在大学校长领导力的问题上,在高等教育的许多问题上,我们需要做的只不过是尊重规律,回到常识,如此而已。

谢谢!

(2015 年 4 月 15 日,湖州)

政府官员在学校改革中扮演着怎样的角色

各位：

大家上午好！

今天我要给大家报告的主题是政府官员在学校改革中的角色问题，这是我们正在研究的课题中的一个小小的部分。

几个概念的说明

首先，我想对标题中的几个概念做一个说明。

第一，"政府官员的角色"。

我这里所说的"政府官员的角色"不是指政府官员应当承担的角色，而是指政府官员实际扮演的角色。因为，学校在日常实践中所面对的政府，不只是政府的一系列文件,包括法规、规定、意见、暂行办法、实施细则等等,那些都只是些文本规定,而且也包括政府官员的实际行为,尤其是政府部门中具体负责相关学校事务的那些官员的实际行为。他们可能是局长、副局长,也可能是处长、副处长,还可能是科长、副科长。这些官员虽然不是政府领导——政府领导通常指的是省长啊、副省长啊、市长啊、副市长啊、县长啊、副县长啊,等等——但因为他们负责处理相关的学校事务,所以也就在实际上代表着"政府"。所以,在这个意义上,我们说研究分析政府官员实际扮演的角色,要比谈论他们应当扮演的角色、比解释政府文件重要得多。这是需要说明的第一个概念。

第二,"学校改革"。

"改革"和"变革"有所不同,至少在中文的语境当中是不一样的。根据现代汉语词典中的定义,所谓"变革",是指改变事物的本质,尤其是改变制度的性质,是带有根本性的改变。而"改革",则是指把事物中旧的、不合理的部分改成新的、能够适应客观情况的。所以,改革的外延要大得多,只有那些具有颠覆性意义的所谓根本性改革才能称得上变革。我这里所讨论的是改革,并不局限于变革。事实上,迄今为止被我们裹挟在"学校变革"这一概念里所谈论的学校改进中,有不少也并不能称之为变革,而是属于宽泛的改革范畴。

第三,"中国问题"。

我比较孤陋寡闻,我不知道我下面所说的"政府官员的角色"在国外是不是一个问题,是不是也同样存在,我不知道。我只知道这个问题在中国极为普遍、非常凸显,它与学校改革之间——也就是政府官员的角色与学校改革之间——是这样的如影相随,以至于成了一种中国特色。所以,我宁愿把它看成是一个"中国问题"。

那么,接下来我就必须说明,政府官员的角色为什么会成为一个"中国问题"。

政府官员的角色为什么会成为一个"中国问题"

为什么？这完全是因为中国的学校治理在体制上存在着一个众所周知的很"中国"的特点，这就是"政府本位"。从对学校改革的影响来看，这种政府本位至少体现在三个方面。

第一，垄断资源，分配资源。

在中国，许多重要的教育资源、办学资源都掌控在政府手里。我这里所说的重要办学资源包括人员编制、职称比例、办学经费、专业设置、招生名额、学位授予权，等等。这些资源全都被政府所垄断。

那么，政府垄断了办学资源，它就得进行分配。怎么分配呢？当下中国各级政府分配资源的一种基本方式，就是设立项目、推出工程。政府让学校来申报立项，然后政府组织评审与审批。我们的政府是不断地设立各种各样的项目，不断地推出各种各样的工程，不断地布置学校去申报，然后不断地组织评审，不断地进行审批。你学校要想得到更多的经费、更多的资源，你就得不断地按照政府的要求，申报与实施各种项目、各种工程，哪怕学校明明知道有些项目和工程其实没有多少实际意义，甚至和我们改革的初衷、改革的旨趣是相背离的。

这样，通过垄断资源、分配资源，政府就把学校牢牢控制在自己的手中。

第二，制造地位，区分等级。

政府不光垄断了各种重要资源，而且还制造出各种地位，包括奖项、名分、荣誉等等，怂恿学校和教师去竞争。因为我们的政府机构十分庞大，部门很多，所以，制造出来的地位也就名目繁多。几乎在学校工作可以涉及到的所有方面，各级政府部门都设立了相应的奖项、名分、荣誉，什么优秀教学成果奖啦、优秀研究成果奖啦、学科带头人啦、优秀青年骨干教师啦、道德模范啦、优秀党务工作者啦、安全保卫先进单位啦、计划生育先进单位啦，(笑声)等等，数不胜数,没完没了。所以,当今世界,恐怕没有哪个国家像中国这样,由政府部门来制造名目如此繁杂的地位,对学校和教师进行如此繁多的等级区分。过多的评选与区分等活动,打乱了学校的正常工作节奏,扰乱了校长与教师的心态,腐蚀了教育的道德氛围。

第三,长官意志,政绩情结。

在中国,政府本位还同已经延续数千年之久的"人治"这样一个治理传统纠缠在一起,结果就强化了长官意志。可以说,现在的中国官场中弥漫着一种"政绩至上"的政治文化氛围,普遍存在着相应的心理情结。因此,现实当中屡见不鲜的一个现象不知道大家注意到没有,新任领导往往不经决策程序,便随意改变乃至终止前任领导在任期间启动的教育改革进程,或者随兴所至地提出并启动新的教育改革项目,这也就使得我们的学校改革在相当程度上带有了随意性和不确定性。

就这样,学校围绕着被垄断在政府手里的资源转,围绕着政府所制造的各种地位转,围绕着新任官员的新要求转,转得是没完没了,转得是天昏地暗。而就在这转来转去的过程中,政府官员的威权性越来越强,越来越稳固,政府官员的指挥棒也越来越多样,越来越灵验。就在这转来转去的过程中,学校真正按照学生与社会发展的需要、按照教育自身规律去办学的自主意识、自由权力、自觉行动,也就渐渐淡弱了、消解了,最后终于没脾气了。因为,犯不着去搞多少真刀真枪的改革了,一切按照政府的规定去做就行了,一切按照政府的布置去执行就是了,因为这样最保险,也最有可能获得更多资源。即便是改革,也还是政府说怎么改那就怎么改,或者政府喜欢怎么改那就怎么改。在这样的体制中,在这样的环境里,在这样的心态下,学校怎么可能普遍焕发出想象、开拓、创新的激情来呢?我讲的是"普遍焕发",怎么可能?那些原创的概念、原创的思想、原创的方法,怎么可能源源不断地涌现出来呢?我讲的是"源源不断",一会儿冒出一个来,一会儿再冒出一个来,那不足为奇。在这样的体制中、这样的环境里、这样的心态下,天才难有施展空间,英雄少有用武之地。

所以,在中国进行学校改革、在中国研讨学校改革,就不能回避学校与政府的关系。你说我们有民间的力量,我也确实看到民间的力量在一天天壮大,但是,我们也得看到,民间的力量其实也在不断被收编。一些民间改革即使取得了辉煌的成功,它最终还是要去申报政府的奖项,还是要寻求政府的认可。他搞一个开幕式,还是想请政府官员来讲一讲。

所以,在中国进行学校改革,在中国参与学校改革,就不能回避政府与学校的关系,就不能绕开政府官员的角色问题。进一步来讲,在中国,学校改革常常就不是一种能够完全撇开政府官员的所谓"纯学校行为",不是一种完全可以听任学校在自己设计的时空里自由展开的所谓"纯技术过程"。

因此,接下来我们就来看一看政府官员在学校改革中到底扮演着什么样的角色。

政府官员在学校改革中的角色类型

政府官员在学校改革中的角色受制于许多因素。我这里权且从一个角度,说它取决于两种基本因素。我不是说就这两种因素,我是说它有两种基本因素。

第一种基本因素是政府官员的价值取向。

大致可分为三种性质:第一种可称之为"奉公",是说政府官员有社会良知、有正义感、有责任感,他把为了儿童成长的需要和社会发展的需要,作为指导自己的教育行政工作、处理与学校相关的事务的一条准则;第二种呢,可叫做"谋私",是说政府官员朝思暮想的只是如何利用职权帮助自己尽快向上晋升,或者如何能得到更多的红包;第三种呢,我把它称之为"无欲",是说政府官员他并不把自己所从事的教育工作看成是一项事业,一项需要自己殚精竭虑、全力以赴地投入于其中的事业,他不这样干。他只是把教育工作当做一个按部就班、例行公事的职业。他不会去主动考虑、积极筹划他所管辖的区域的教育发展和学校改进。不过,他也不会去利用职权谋取私利,因为他没有欲望。政府官员具有什么样的价值取向,决定了他们在学校面前是否具有"道德权威"。这是第一种基本因素,说的是政府官员的价值取向。

51

第二种基本因素权且叫做"行政能力"。

这里的"行政能力"是一个宽泛的概念,说的是政府官员对于学校改革的应有方向和具体目标能不能获得清晰的理解,对于学校改革的政策支持和资源配置能不能作出合理的安排,对于学校改革的展开方式和基本过程能不能进行恰当的监督。请注意,我讲的是"能不能",而不是"愿不愿"。对于行政能力,我们也可以大致分为三个档次,也就是比较强、很弱以及处于两者之间。行政能力的强弱决定了政府官员在学校面前是不是"技术权威"。这里的"技术权威"不是说他能不能教语文、会不会教数学,而是说他所进行的资源配置能不能让学校心服口服,他对学校进行的监督能不能让学校觉得确实无话可说。这是一种"技术"。

如果说价值取向和行政能力是两个不同维度的话,我们就可以把这两个维度加以组合,这样,我们就可以得到或者说可以勾勒出政府官员在学校改革中的九种角色类型。(见表1)

表1 政府官员在学校改革中的角色类型

行政能力 (技术手段)		价值取向(道德人格)		
		奉公(推动者)	无欲(局外者)	谋私(寻租者)
	强	① 指导者	④ 协助者	⑦ 索取者
	中	② 建议者	⑤ 观望者	⑧ 共谋者
	弱	③ 服务者	⑥ 逍遥者	⑨ 坐享者

请看上面的表格,第一、第二、第三,这三种类型的政府官员有一个共同点,就是他们都持有"奉公"的价值取向。正因为这一点,所以他们都是学校改革的"推动者"。但是,由于他们的行政能力不同,"技术"方面的权威程度不同,所以他们的具体角色类型也不一样,我们可做一简单对比。

第一种类型的政府官员,既具有奉公的价值取向,又具有很强的或者较强的行政能力。因此,他们在学校面前就同时具有道德上的和技术上的双重权威,他们在学校改革中通常会扮演"指导者"的角色,尽管他们的指导风格会因人而异。

第二种类型的政府官员,也持有奉公的价值取向,但行政能力一般。他们对于学校改革的方向未必会有清醒的把握,未必有能力来进行快刀斩乱麻式的、合情合理的资源分配。总之,他们的能力一般。在这种情况下,他们会自觉地不自觉地放低自己的姿态,和学校领导一起商量学校改革中的一些重要问题。他们所实际扮演的,往往是一种"建议者"的角色,尽管他们有时对学校提出的是强烈建议。他们多半会和学校一起共同谋划学校的改革和发展,达成协商性共识。

第三种类型的政府官员,同样持有奉公的价值取向,但行政能力弱,他们在学校面前毫无技术权威可言。事实上,许多学校的校长比局长强多了、比处长强多了、比科长强多了。因此,这样的局长、处长、科长在学校领导面前没有技术权威可言。他们既不可能对学校改革进行强势的指导,也难以和学校领导共商改革大事,往往提不出很中肯的建议。总之,他们的能力很弱。不过,因为他们毕竟是努力奉公的,所以,他们对于合理的学校改革会主动提供持续的实质性服务。在这种情况下,他们所扮演的其实是"服务者"的角色,一种主动服务的角色。

这就是第一、第二、第三这三种角色类型。接下来我们再看看第四、第五、第六这三种类型。这三种类型的政府官员也有相同之处,就是他们既不努力奉公,也不以权谋私,他们在学校改革中的角色基本上可称之为"局外者"。他们之间的区别也是因为行政能力的差异造成的。下面我们来看看他们的区别在哪里。

第四种类型的政府官员的行政能力很强,他们能够清晰地理解学校改革的应有方向与具体目标,能够合理安排学校改革的政策支持与资源配置,能够恰当监督学校改革的展开方式与基本过程,但就是没有介入学校改革的欲望。不过,学校改革如果需要他们的支持,他们也会回应性地给予职权范围内的有效协助。他们虽然不会主动地去帮助学校,但是如果学校提出要求,希望他们给予帮助的话,他们也会去做,在职权范围内去做,不多不少地去做。他们能够做到这一点,因为他们有能力。在这个意义上,也仅仅在这个意义上,我们说他们所扮演的也就是"协助者"的角色。但是请注意,这是作为"局外者"的一种协助者角色。我暂时没有想出更好的概念,因为研究还没有完成。所以,今天所讲的许多概念都需要打引号,需要再斟酌。

第五种类型的政府官员——(主持人敲铃提醒时间)啊?时间快到了?不对,你的表肯定快了(笑声)——第五种类型的政府官员,他们的行政能力一般——你这一敲铃,我这整个都乱了套了(笑声)——他们既没有足够的热情,也没有足够的能力来对学校的改革给予有效协助,他们大体上会成为一种不介入、不评价的"观望者"。

第六种类型的政府官员,行政能力较差,再加上他们本来就没有欲望,因此,对于他们来讲,学校改革基本上就是或者说整个地就是一件身外之事。对于学校改革来说,他们也几乎整个地就是一种"逍遥者",(笑声)连旁观者都不是。上了班就是一杯茶、一根烟。这种人在上海也许看不到,其他地方多的是。(笑声)

最麻烦的是第七、第八、第九这三种类型。麻烦就麻烦在这三种类型的政府官员要以权谋私,他们是学校改革中的一种"寻租者"。我们再来看看他们之间有着怎样的区别。

第七种类型的官员,具有很强的或者较强的行政能力,但也正因为具有较强的行政能力,所以他们就知道怎么去摆布学校,才能把学校的成绩转化为他自己的政绩。所以,他们知道怎么去忽悠学校,怎么从学校改革的衍生利益中为自己捞取一个大大的份额。在这个意义上,我们不妨把这类政府官员称为学校改革的"索取者"。你们说,有没有这样的政府官员?

第八种类型的政府官员,他们的行政能力一般,他们还不能做到随心所欲地摆布学校、忽悠学校,他们在把学校成绩转化为自己的政绩、从学校改革的衍生利益中为自己捞取份额方面,表现出的智慧并不太多、底气并不很足,他们还没有达到能够娴熟地、持续地索取利益这样一种水平。所以呢,他们更多扮演的是一种"共谋者"的角色。什么意思呢?就是说他们往往倾向于和学校联合起来,通过某种方式来推进某种改革,并且和学校一起从中获得一些利益。

好,最后一种了,第九种类型,那就比较麻烦了。这种类型的政府官员的行政能力较差或者很差,但是他们以权谋私这样一种价值取向并没有因为自己的行政能力差而有所减弱，没有丝毫的减弱。但行政能力差又使得他们在学校面前难以昂首挺胸，放开手脚。所以，他们在从学校改革的衍生利益中捞取私利方面会呈现出一种密切关注、来者不拒的姿态。对于这一种类型，一时找不到合适的概念，我暂且把他们叫做"坐享者"。有个成语不是叫"守株待兔"吗？就是这个意思。

讲到这里，我需要来说明一下——我应该还有两分半钟，（笑声）——不管是把价值取向分为"奉公""无欲""谋私"这三种性质，还是把行政能力分为"强""中""弱"这三个层次，并且由此区分出上面的九种类型，都只是为了分析方便起见而在思想上进行的一种大体上的切割。而在现实中，完完全全、彻头彻尾的"领导者""逍遥者"或者"索取者"等等，可以说是为数不多的。更多的政府官员所扮演的角色可能基本上属于某种类型，但同时又或多或少带有其他类型的成分。比方说一个政府官员，他的主导价值取向可能是"奉公"，但是他可能有的时候也会有一点以权谋私的念头。另一个政府官员，他的主导价值取向可能是"谋私"，但是他有的时候可能也会出现良知的觉醒。在这些情况下，我们说政府官员所实际扮演的角色可能就不是纯粹的始终如一的了。总而言之，这里的分类带有韦伯所说的"纯粹类型"的性质。现在这个词常常被翻译为"理想类型"。"理想类型"这个词在中文里面容易引起误解，我觉得它的实际含义指的是"纯粹类型"。

好，没有了，最后结束了，还有半分钟。（笑声）

中国的学校改革已经进行了三十多年，但是按照官方的说法，现在才开始进入所谓"深水区"，才开始啃一系列的"硬骨头"。怎么啃硬骨头呢？国家在去年颁布了《国家中长期教育改革和发展规划纲要》，为期十年。那么，仅仅用十年的时间，是否就能冲出深水区，就能把一系列硬骨头都啃下来呢？不得而知。因为，我们即便把其他的许多复杂因素都撇开，只要"政府本位"这样一种学校治理的体制不变，只要有相当比例的政府官员企图从学校改革中以权谋私、或者说对学校改革漠不关心，那么，学校改革的过程就还是会像迄今为止的三十多年一样，依然是极为复杂、十分曲折，依然很难真正取得预期的成功。

但是，我最后还是要说，这也并不意味着在政府本位的治理体制面前，在政府官员实际扮演的角色面前,学校就只能是一味地顺从、全盘地依赖乃至刻意地逢迎。事实上,在改革的实践当中,学校对于政府本位的治理体制以及政府官员的不适当的角色,也是有着多种多样的应对的。刚才陈佑清教授也谈到这一点。因此,在审视了政府官员的角色之后,还有必要继续分析一下"面对政府官员的学校"。但这就不是在分配给我的有限时间里所能展开的了,只能留待以后了。

就讲这些。谢谢大家!

主持人(华东师范大学教科院黄忠敬教授):

非常感谢吴康宁教授给我们带来了一个观点非常深入、视角非常独特的报告!我们今天的主题是"中国经验与国际对话",之所以说吴康宁教授给了我们一个非常独特的视角,是因为要理解中国的学校变革,就一定要理解政府官员的角色。吴康宁教授给我们做了一个非常好的、条分缕析的报告,他把政府官员的角色分为九种类型,我觉得这对我们非常有启发。外国朋友对于我们中国的特殊情况可能不是很熟悉,我们在谈政府的角色的时候,一般会说"大政府、小社会",而在西方,更多的是一种"小政府、大社会"。吴康宁教授的报告不仅区分了政府官员的角色,也区分了学校的变革和学校的改革。我觉得吴康宁教授分析的很多内容,包括对"政府本位"这个问题的分析,都非常地深入。让我们再次以热烈的掌声感谢吴康宁教授!接下来还有一个互动的环节,大家看看有些什么问题,可以利用这个机会来请教吴康宁教授。

听众1:

请教一下吴康宁教授,您这个问题没有说,就是学校如何去面对政府官员?能不能做一个简要的回答?谢谢!

听众2:

我想问一下吴教授,第一个问题是,您的这个研究做的是政府官员的实然角色,我就想问一下,政府官员的应然角色是什么?第二个问题是,政府一开始垄断教育、垄断资源,它的初衷是什么?现阶段学校教育的发展是否违背了政府一开始的初衷?谢谢!

听众3:

我想问一下吴康宁教授,我觉得政府官员的角色应该和学校工作人员的角色是对应的,请教下吴教授,政府官员的角色和学校工作人员的角色是如何动态地博弈的?

听众4:

请问吴康宁教授,政府官员或者政府的改革价值取向对学校改革的价值取向有什么影响?

吴康宁:

不好意思,我尽快地回应,尽快地吃一点晚饭,然后尽快地赶往浦东机场,所以只能三言两语,非常抱歉!我很想在今天晚上能有更多的时间和大家交流或者说请教,然后展开一点辩论,可惜不能。

第一个问题是学校如何面对政府官员的角色或者行为?大家可以看到,我今天一开始就强调了一点,就是我这里所讲的不是政府官员应当承担的角色,而是他实际扮演的角色。所以,我今天本来要谈而没有谈的第四个问题是"面对政府官员的学校",如果我要谈,我也不会去谈学校应当怎样面对政府官员,而是会谈学校在日常的实践和变革过程当中实际上是怎么应对政府官员的。但是,如果你一定要追问学校应当"如何面对"的话,我可以展开来讲很多,但这里只能说,应当"不卑不亢"。

第二个问题是回过头来问政府了,说我这里讲的是政府官员实际扮演着什么样的角色,但是想问问我政府官员应当扮演什么样的角色。这不是将我的军吗?我想这个问题是挺好的,但问题是,在学术场合,尤其是在教育圈子内部,我基本上不去谈"政府应当怎么样"的问题。对于这一类问题,我认为我谈的地点应当是在政府部门机关,我认为我谈的地点应当是在更大的公众场合,我认为它不是要在学校内部来谈。在学校内部来谈有什么用?我们在这里谈有什么用?我们这里一个政府官员都不在,你去谈他们应当扮演什么样的角色又有什么用?(笑声)但是,如果要谈,依我看,就是"抓两头,带中间",

中间就是"学校变革",两头是什么呢?一头就是宏观的,比如说指导纲要啊、大的资源啊,另一头就是政府对最终结果的一个评价,要评价学校。为什么呢?就是要看看学校改革究竟有没有促进学生的发展,究竟有没有为社会培养出所需要的人才。中间这一块,对不起,权力应当全部下放给学校,不然学校怎么来办学呢?这是第二个问题中的第一个小问题。

第二个问题中的第二个小问题,问的是政府垄断了资源,它的初衷是什么?

我觉得,谈这个问题,就要从我们国家解放初开始谈。我们国家在解放初就集权了,当时的中央集权是为了什么?当时倒不一定是像我们现在的许多政府官员所想的那样,当时是必须实行计划经济。我们可以回顾一下历史。那个时候搞市场经济是搞不起来的,国家必须集中力量进行大的建设,来保障一些初步的民生。所以,有了体制,体制一来,马上就有惯性了,它就会延续下来。任何一个系统,只要它产生了,往往也就开始拒绝改变了。而在这个过程当中,政府官员就逐步逐步体会到体制的好处,资源在他们的手里进行分配,分配就有权力。你们想想,现在不是有"转移支付"吗?我们许多地方对转移支付是感激涕零的,其实,这个转移支付真是很没道理的。为什么呢?你让地方把钱直接发给该发的单位就行了,但是偏不,偏要你先把钱交给中央,然后中央再来转移支付,这不是脱裤子放屁吗?对不对?(笑声)但问题是,中央有钱了,于是大家就要"跑部钱进"了,你说对不对?各个地方政府往中央跑。你这个钱,本来百分之三十五,比方说35万,应该是江苏省或者上海市给本地教育部门的,但偏不让你这样,中央政府先拿过去,先收过去,然后再返还35万给你,弄得地方政府还感恩戴德。其实不需要感恩戴德的。就是在这个过程中,政府官员也就慢慢体会到这样做的"好处",体会到这样做的里面有权力。至于初衷,你要是追踪一开始的初衷,那并不是像我们现在的政府官员这样想的。

第二个问题中的第三个小问题是学校教育的发展是否违背了政府一开始的初衷?这个问题本身不是很明确,我不太清楚你所说的"学校发展"指的是什么?我们现在的学校发展或者说裹挟在"学校发展"这个概念之中的形形色色、千姿百态的发展种类有很多,它不是一个统一体。你说的是"正当的发展"吗?(提问者:就是现在整个的这种状态)整个这种状态?这就是一个总体性的概念了。在今天这样一个分化的社会里,在转型期里,总体性概念许多时候都是不适用的。我们现在的许多概念都是"总体性概念"。总体性概念是有毛病的,我今天讲的其实也有毛病。比如说"学校变革",你讲"中国学校变革",其实并不存在"中国学校变革"这样一个总体性概念。或者说,存在是存在,但却是很虚的。中国太大,学校变革太复杂,不同地区之间差异很大。上海和云南不一样,江苏和江西不一样。即便是在江苏,苏南苏北也不一样。这里面类型太多,有些相互之间甚至是完全背道而驰的,非常的复杂。所以呢,谈"学校发展",就需要举出具体的例子来。当然,你可能会说你指的是大局,是中国的一种整体的状况。而问题的复杂性就在这里。在当下,企图从总体来概括、来归纳中国社会的总体状况,都是很困难的。我们一定是撇开一些地方,我们一定是撇开了一些类型,然后说它的基本特征是什么,它的基本类型是怎样的,等等。其实不是这样的。这个问题,我愿意和你继续交流,但不是在现在。

第三位提的问题是政府官员的角色应该和学校工作人员的角色是对应的,政府官员的角色和学校工作人员的角色是如何动态地博弈的?

但为什么是对应的呢?当然,你说他们是对应的,也有一定道理。比方说,学校在面对一个"指导者"类型的政府官员时,或者说学校在面对一个"索取者"类型的政府官员时,学校肯定是会有它自己的对应方式的。但这种对应就不能简单地一概而论了,应当说对于每一种类型的官员,学校都可能有各种各样的对应,这要取决于学校自身的价值取向和能力。说到底也还是这两种基本因素,也就是取决于你的道德、你的理想,取决于你的能力、你的技术。

最后一个问题,也是最难的一个问题,问的是政府官员的价值取向对学校改革的价值取向有何影响?

怎么说呢?有的时候它有很大的影响。什么情况下有很大影响呢?第一,政府的价值取向是正当的,是符合我们的教育的基本取向的。第二,它的价值取向是合法的。这个合法不是说合乎法律的规定,不是那个法学意义上的,而是政治学意义上的。也就是说它是符合民意的,符合我们学校的民意的。当然,这里学校作为"民意"中的"民",应当是一种"良民"。我写过一篇文章,叫《为什么学校会对学生的发展不负责》。如果学校本身对学生极不负责,导致教育质量低、学生发展差,在这种情况下,责任难道全都是政府官员的吗?当然不是。说实话,在今天我们这样一个圈子里,如果围绕教育的价值问题来谈,我们最需要谈的恰恰是我们的不少校长的无耻、我们的不少教师的无耻,因为这些校长和教师把我们的学生当作罪犯、当作囚犯,是这样的一种状态。如果是这样的话,你也不能全赖政府官员呀,尽管我倒不是要为政府官员说话。

那么,政府的改革价值取向对学校改革的价值取向有什么影响呢?无非是两种情况。第一种情况是,它有相当的影响。第二情况是,它完全没有影响。完全没有影响的又有好几种情况。第一,它不具有正当性。并不是政府所推动的所有改革都是好的改革。改革有时是需要付出代价的。从长远的角度来看,付出代价也许是需要的,但处于这一过程中的付出代价的那些人毕竟是被牺牲掉了。一部分儿童的成长与发展受到了影响,这些儿童所在的家庭受到了影响,他们都是牺牲品。这样的改革就不是好的改革。在这种情况下,如果学校坚持自己的理想,对这种改革加以抵制,那么,政府的改革价值取向对学校就没有影响。这不是很简单的道理吗?

而且,需要强调的是,政府的价值取向在什么时候都不可能完全决定学校的价值取向。政府能决定学校的行为,因为政府可以对学校的行为进行监督、进行评价,并根据监督、评价结果对学校进行奖赏或处罚。但政府要想从根本上改变学校的价值取向、改变学校自己的想法,这是不可能的。可能的只是改变行为,行为是会趋利的。所以,我们现在所看到的学校的许多谋利行为,确实是受了政府的影响。不过,与其说是受政府的影响,不如说学校的价值取向本来就和政府的价值取向有暗合的地方,学校的领导和教师本来就是想谋私利的。对不对?我们的许多校长、许多教师,不就是把学生当作牺牲品的吗?你说在这种情况下,政府的一种正确的改革价值取向对这样的学校有影响吗?没有多少实质性影响。所以,改变学校的表面行为是有可能的,但是对学校的价值取向的影响从根本上来说取决于学校自身,取决于学校的现实感受,取决于学校认为自己能从中获得多大利益。我只能简单地回答这么多。谢谢!

(2011年11月19日,上海)

中国教育改革困在何处、路在何方

各位同仁：

大家上午好！

我很不习惯穿西服，可是会务组通知今天上午统一穿西服，这很可能会影响我讲的情绪。（笑声）所以，如果讲得不好，请大家原谅！（笑声）

问　题

看到这个题目，不知各位会不会产生一些疑问：中国教育改革不是已经进行三十多年了吗？去年不是刚刚颁布了《国家中长期教育改革和发展规划纲要》吗？全面推进与深化教育改革不是正在全国各地如火如荼地展开着吗？我们的教育改革在许多媒体的报道中，不是每每都凯歌阵阵、捷报频传吗？你为什么偏要耸人听闻地来一个"困境与突围"呢？

各位，耸人听闻的可不是我，而是媒体。大家可以想一想，中央为什么要在教育改革已经进行了三十多年之后的今天，还要再来颁布一个为期十年的

《国家中长期教育改革和发展规划纲要》呢？到底为什么？就是因为教育改革的任务还远远没有完成，就是因为教育改革虽然也取得了很大成绩，但是，用"三十多年"这样一个时间长度来衡量的话，很不相称的是，几乎在所有的全局性重大问题和要害性关键问题上，我们的教育改革都很难说是已经取得了根本性突破。

难道不是这样吗？如果有谁说不是这样的话，那我可以来问一问：教育体制改革取得根本性突破了吗？高考改革取得根本性突破了吗？以素质教育为核心的中小学教育改革取得根本性突破了吗？没有，都没有。所以，中央才会下定决心，在教育改革已经进行了三十多年之后，再来颁布一个为期十年的《国家中长期教育改革和发展规划纲要》。而且，需要特别留意的是，按照官方的说法，中国教育改革其实只是从现在起，才开始进入所谓"深水区"，才开始啃一系列所谓"硬骨头"。因此，在这个意义上，我们不妨把这个规划纲要的颁布，看成是"全面推进与深化教育改革"这样一种强烈的国家意识的一种集中体现，也是强硬的国家意志的一种集中体现。

这样一来，我们是不是也就可以接着往下问了：为什么教育改革改了三十年，却总是在浅水区里转来转去呢？为什么在一些全局性重大问题和要害性关键问题上，教育改革始终没有能够取得根本性突破呢？一句话，中国教育改革为什么会这么难呢？

为什么？我个人认为，原因就在于这么多年来，教育改革一直受到各种各样错综复杂的因素的牢牢制约、紧紧束缚、频频干扰、重重阻碍。我们的教育改革实际上一直处在一种被围困的尴尬境况之中。这当中，有三种因素的力量十分强大，他们就像团团缕缕的水草，死搅胡缠地拉扯着教育改革航船的螺旋桨，不让教育改革顺畅前行。

困　境

一、利益的牵缠

第一种因素就是利益，我们的教育改革首先便受到利益的牵缠。这里，我可以用两个典型的例子来说明。

第一个例子是"新课改",也就是基础教育课程改革。新课改刚开始的阶段,专家工作小组在不计其数的讨论、琢磨的基础上,提出了一个用以引领新课改的宗旨性口号,叫做"为了中华民族的复兴!为了每位学生的发展!"。这个口号可以说是言简意赅、铿锵有力,它体现了教育本来就应当具有的理念。按理说,如果学校的校长、教师、教育行政官员以及一切与教育有关的人们都认同这样的教育理念的话,如果大家经过实事求是的比较和判断,承认新课改确实有利于学生发展,并因此而有利于民族未来的话,那么,对于新课改就理应持一种积极支持的态度,而且在有条件的情况下,参与到新课改中来。

可是,实际情况怎样呢?新课改的实施已经有十多年了,这十多年的实践反反复复告诉我们一个道理,这就是,对大多数人来说,他们是否能积极支持新课改、参与新课改,主要并不取决于他们是不是也有"为了中华民族的复兴,为了每位学生的发展"这样一种美好的愿望,而是取决于他们对于利益的一种权衡。也就是说,他们要看看新课改这件事同他们的切身利益之间是否有着实质性关联。如果权衡之后觉得新课改能让自己得到更多利益,或者至少不会影响自己的现有利益的话,那么,他们就会支持新课改,并且在条件具备的情况下参与新课改。而如果权衡之后感到新课改将会使自己利益受损的话,那么,他们几无例外地都会表现出对于新课改的不满、不支持、不参与乃至竭力抵制的态度和行为。

请注意,我这里讲的是"大多数人"。我不否认,总有一些为数不多的值得我们敬重的楷模,他们对学生真的有一种大爱,对我们这个民族真的有一种深爱,这样的爱激励他们义无反顾地投身于教育改革,而很少去考虑改革的结果对自己是否有利、将会给自己带来怎样的得和失。但我们要知道,教育改革能不能成功,最终并不取决于少数楷模的决心和壮举,而是取决于"大多数人"的普遍行动。而大多数人恰恰是主要并且首先根据利益权衡的结果来选择是否支持和参与教育改革,以及在多大程度上支持和参与教育改革的。

在这个问题上,我们一定不能忘记马克思有两句名言。一句是"人们奋斗所争取的一切,都同他们的利益有关";另一句是"'思想'一旦离开'利益',就一定会使自己出丑"。马克思的这两句名言可以说是一针见血,实在太深刻、太精辟了。第一句揭示了人的行为的现实主义特征,第二句讥讽了脱离现实根基的那些思想的浪漫主义腔调。这两句名言对于我们认识当下中国教育改革困难重重、步履维艰的深层原因,也很有指导意义。新课改实行了十多年,虽然取得许多成绩,但总体上看基本上一直在蹒跚前行,行动相当的迟缓,过程十分的曲折,其中的原因当然是方方面面、林林总总,但"利益的牵缠"可以说始终是一个最根本也是最要害的影响因素。

为了更清楚地说明问题,我们不妨再来看一看新课改的教材使用情况。大家知道,这次新课改在中小学教材的编写、出版和发行方面进行了重大改革,在我国中小学教材的编写、出版和发行中首次导入了竞争机制,取消了长期以来一直由人民教育出版社独家编写、独家出版、独家发行全国统一教材的"三独"式传统做法,改为招标选择符合资质要求的多家出版社组织编写、出版、发行多套教材。进行这项改革的目的,就是想通过竞争,提高教材的编写质量,促进教材的多样化发展,为中小学选用更适合于自己的优质教材提供较多的选择空间。

这本来是件好事,而且是件大好事。但是在我国,由于教材的编写、出版以及发行隐藏着巨大的商机,出售教材和各种配套辅导材料将会给出版社和编写者带来巨大的经济利益,有人甚至说,学校选择使用某套教材,也就等于是给这套教材的出版社、发行机构以及编写者发放人民币。不用说,出版社、发行机构以及教材的编写者们都很明白这个道理。因此,几乎所有的相关出版社、发行机构乃至一些编写者本人,为了能使自己编写、出版、发行的教材能够被更多的学校使用而使出了浑身的解数,这当中就包括了诸多腐败行为。不少地方的出版社,由于担心自己出版的教材竞争不过外地出版社出版的教材,于是就"买通"本地教育行政部门,通过教育行政部门下发红头文件,规定本地学校只能使用该出版社出版的教材,从而十分轻而易举地把其他出版社出版的质量好的或者更好的教材拒之门外。这就完全不是教材制度改革的初衷所想达到的"优胜劣汰"的结果了,反而成了"劣胜优汰"。结果,牢牢占据了本地教材市场的出版社赚到了大把大把的利润,教材编写者得到了大笔大笔的稿酬,本地教育行政部门的相关官员也收到了结结实实的红包。可是,学校呢?教师呢?学生呢?学校和教师的教育选择权受到了侵害,学生的成长和发展受到了损害。中小学教材编写出版发行的体制与机制改革的进程就这样被扭曲了,改革的效果也打了大大的折扣。

这个例子说的是教材的出版社、发行机构、编写者以及教育行政部门官员在利益驱动下的不正当行为,干扰了教育改革的正常进程和健康发展。其实,不光是他们,学校自身也不是洁白无瑕的,学校常常也是基于自身利益的权衡来决定是否支持和参与教育改革的。四年前我曾经写过一篇文章,题目就叫做《为什么学校会对学生的发展不负责》。文章中谈到,现在的许多学校对学生的发展普遍地不负责任,所谓热爱学生、以学生发展为本等等,往往都只是一些漂亮的词藻、美丽的口号,校长和教师真正关心的,其实并不是学生的发展,而是自己的业绩以及同这种业绩紧紧联系在一起的名和利。正是校长和教师们的这种逐利行为,使得白热化的升学竞争、残酷的"考试地狱"成为当下中国教育的一个严峻现实,成为屡禁不止的一个老大难问题。

我的那篇文章主要讲的是中小学,其实,大学也好不到哪里去,大学也一样存在着逐利行为影响教育改革的普遍现象。这可以用另一个典型例子,也就是我国教师教育体制改革的遭遇来说明。

我们知道,我国教师教育体制改革的一项重要内容,就是要打破由封闭的传统师范院校独家培养教师的旧体制,形成师范院校和非师范院校共同参与的开放的教师教育新体制。这一改革曾经被许多教育专家和教育行政部门看好,并把它看成是我国教师教育改革的一项可称之为重中之重的任务。但是,直到今天,这项改革也没有取得任何重要的实质性进展。原因很多,其中的一个特别耐人寻味的地方,就是师范院校和非师范院校各自提出的"理由"或"借口",也就是"非师范院校"为了参与教师教育而提出的"理由"或借口",以及师范院校为了阻止它们参与进来而提出的"理由"或"借口"。

"非师范院校",尤其是一些部属综合性大学,起初十分起劲地赞同并积极支持建立"开放的"教师教育体制,强烈希望能参与到教师教育改革中来。不过,就我所知,这些"非师范院校"赞同并支持教师教育体制改革的主要动机,可以说无一例外地都是想拓展本校的学科覆盖范围,同时凭借综合性大学的声誉占领教师教育市场,为学校寻求新的利益增长点。

可是,在中国,这样的动机虽说早已是公开的秘密,但却是不可能赤裸裸地讲明的。因此,在公开场合,这些"非师范院校"阐述得最多——说得直白一点,标榜得最多——的理由就是:综合性大学具有强劲的学科优势和浓郁的学术氛围,这更有利于高素质教师的培养。这样的理由有没有道理呢?不能说没有道理。综合性大学,尤其是"高水平综合性大学"在这方面的优势,确实是师范院校难以相提并论的。

但是,师范院校也不是吃素的。许多师范院校虽然自身也在拼命向综合性大学转型,并且也在努力改变已经不能很好适应时代要求的那些传统的教师培养的内容和方式,但对于"非师范院校",尤其是对于一些"高水平综合性大学"要求参与教师教育改革的呼声却普遍十分警惕,非常担心。担心什么呢?他们担心,由于这些综合性大学的介入,师范院校原本在教师教育领域的垄断地位将会受到严峻挑战,本校在教师教育市场中的现有份额可能会受到影响。

与前面相同的是,这样的担忧虽然也是"司马昭之心路人皆知",却是同样不能明说,不适宜放到台面上来。因此,要想阻止综合性大学进入教师教育体系,还得另找可以公开的理由。理由只要去找,总归是能找得到的。于是,"综合性大学没有师范教育传统""没有较强的教育学科和师资队伍""对基础教育缺少了解和研究"等等,一二三四五,马上就罗列出来了。有没有道理呢?同样有道理,因为说的也是实际情况。

这两种类型的学校在要不要建立开放的教师教育体制这个问题上的争论,看起来都有根有据、像模像样,双方都是嘴巴一张一合、文章连篇累牍,整个地煞有介事。其实,他们的眼睛都只盯着一个共同的东西:教师教育市场。他们所图谋的目标都不约而同:通过占领教师教育市场来获取相应的利益。就这样,在师范院校和非师范院校为占领教师教育市场而进行的利益博弈下,所谓从"封闭"向"开放"转型的教师培养体制改革没多久就处于一种半死不活的状态。相信双方只要首先是基于逐利的动机,那么这种半死不活的状态仍然会延续下去。

问题到这里还没有完。基于利益权衡的结果来决定是否支持和参与教育改革的,除了前面所讲的教材和教辅编写者、出版社、发行机构、政府官员,以及刚才所讲的学校之外,还有家长。

按理说,一项教育改革如果确实有利于学生更好地发展,那就符合学生及其家庭的长远利益,这样的教育改革,也理应得到家长的积极支持。但是,一个明摆的事实是,并不是所有的家长都能清楚认识到孩子的更好发展对于孩子自己的未来、对于家庭的长远利益都具有重要意义的。进一步来看,对于大多数家长来说,即使认识到这个重要意义,也不会无条件地支持教育改革的。为什么呢?就是因为牵缠在家长心头的,并不仅仅是孩子能否更好发展的问题,而且还有孩子能否顺利通过升学考试、今后能否得到一份待遇不错的体面工作的问题。在许多家长看来,这个问题关系到家庭的名声,关系到孩子和家庭的未来生活质量,这才是孩子和家庭的核心利益所在。

> **利益的牵缠**
> 教育内部　教育外部

因此,在许多家长的心目当中,对于孩子升学考试和就业的牵挂,往往都要重于而且是远远重于对孩子眼下和今后更好发展的牵挂。这是一种普遍的现象,也是一个基本的事实。这样,如果家长感到教育改革虽然能促进孩子更好地发展,但是却未必能保证孩子一定会上一所好的学校、今后一定能找到一份好的工作,甚至反而对这两件事可能有不利影响的话,那就不会支持教育改革。不仅不会支持,而且会提出质疑,表示反对,甚至在行动上进行抵制。这已经不是单纯的理论推断了,而是已经被我们的教育改革实践反反复复证明了的。也就是说,家长对于教育改革的支持是有条件的,大多数家长所认可的教育改革,或者说在大多数家长的心目中具有"合法性"的教育改革,是那些既能促进孩子更好发展,又不影响孩子的升学考试和今后就业的教育改革。或许,这句话倒过来讲更加确切一点,也就是说,在大多数家长心目中具有"合法性"的教育改革,是那些既不会影响孩子的升学考试乃至今后就业,同时也能促进孩子更好发展的教育改革。

所以,对于下面这些现象的出现,我们也就只能见怪不怪了:当安徽省教育厅明文规定幼儿园一律不得使用教材或者变相使用教材时,不少幼儿家长深表忧虑;当成都市教育局发文禁止奥数竞赛后,马上招来不少家长的一片反对声;在哈尔滨,一些家长联名上书教育部考试中心,希望修改以"减负"为目的的《关于禁止义务教育阶段学生参加全国公共英语等级考试的规定》;在济南,面对教育厅出台的素质教育改革新政,家长们的心态很复杂。有的家长说:"我的孩子现在是高一,成绩很不错,照原来的搞法弄的话,上重点本科应该没问题。可现在如果搞砸了,会不会成为改革的牺牲品呢?我的天!"还有的家长说:"素质教育,作为家长我不太清楚到底是个什么样的东西,但我明白一点:分数是最重要的,高考要的是分数!"(后面是四个惊叹号"!!!!")这样,这些家长便从维护自身利益出发,对教育改革采取怀疑、警惕、抵触乃至抵制的态度,并积聚为反对教育改革的一股强大力量。教育行政部门、学校推出的一些有利于学生发展的改革措施,有时恰恰是因为遭到学生家长的强烈反对而半途夭折,或者出台不久便不了了之。还有一些教育改革,甚至是举措尚未出台就胎死腹中。所以,也有不少人认为,家长是素质教育改革的最大反对群体。

总之,利益的牵缠极大地制约着教育改革。

二、体制的枷锁

第二种因素是体制,现行体制就像是一道沉重、巨大的枷锁,死死地阻挠着教育改革的步伐。

体制问题是我们这个社会的一个顽症。这个问题大家也谈得很多了,几乎都有点谈烂了,该谈的似乎都已经谈到了。我这里只着重谈谈体制对于我们的创新意识、对于我们的想象力的压抑,因为教育改革是离不开创新的,是需要富有想象力的。

现在到处都在喊建设创新型社会、创新型国家,但是你有没有发现,不管你怎么呼喊、怎么提倡,我们的创新精神、创新能力就是不如西方国家,尤其是不如美国,差距很大,长期以来一直没有根本性改观。只要你采取实事求是的态度,你就不得不承认,当今人类与社会发展中的许多重要的创意都来自西方国家。科学和技术方面就不用说了,即使在人文社会科学方面、在社会治理领域,那些真正富有想象力、概括力、解释力、启迪性的许多重要概念,多半也来自西方国家。

比如,我们都知道,在公元前800年到公元前200年之间,在古希腊、以色列、印度以及中国,都出现了"文化觉醒"。也就是说,这四个地区的人们都开始用一些理智的方法、道德的方式来面对他们生活于其中的这个世界,都各自超越了他们之前的原始文化,都出现了自己的伟大的精神导师。在古希腊有苏格拉底、柏拉图和亚里士多德,在以色列有犹太教的诸多先知们,在印度有释迦牟尼,在中国有孔子和老子等等。我们现在知道,这种文化觉醒对于后来的人类文明进程产生了持久的深刻影响。当然,这些都已经是些常识性的历史知识了。问题是,对于这些常识性的历史知识,虽然我们都懂,但就是没有谁能想到可以用一个简单明了、画龙点睛的概念,来对整个这一时期的性质和贡献来个定位。可是,一个叫雅斯贝尔斯的德国人想到了,他把这个时期称之为人类文明的"轴心时代"。意思是说,这个时期人类文明所取得的重大突破具有奠基性的、内核性的意义,对于从那时起直到今天的文明进程一直产生着基础性的、魂灵性的影响。我想说的是,"轴心时代"这个具有丰富想象力的概念是西方学者想出来的,而不是中国学者想出来的。

再比如,中美这两个国家打交道,一个前提是双方都需要清楚地知道对于自己来说,对方究竟是一种什么性质的对手,对于双方之间的关系必须有一个准确定位,这样才好更加合理地制定自己的外交战略与策略。那么,现在的中国和现在的美国究竟是一种什么样的关系呢?是你死我活的敌对关系吗?肯定不能这么说,因为现在早已不是抗美援朝的那个时代了。是亲密无间的朋友关系吗?显然也不是,也根本不可能是,甚至以后也基本上没有可能是。中美两国之间有那么多的利益冲突,双方对于对方都很难充分信任,时刻都在警惕着、防范着对方,怎么可能成为亲密无间的朋友呢?那么,是战略伙伴关系吗?仍然不是。虽然早在1997年,中美两国就发表了联合声明,宣称两国之间是一种"建设性战略伙伴关系",但实际上直到现在也谈不上是这种建设性战略伙伴关系,根本没有这种感觉,一天也没有"伙伴"得起来,战略上其实也一直是针锋相对。也就是说"战略性伙伴关系"这种定位对于中美两国的外交事务并没有真正起到实质性的指导作用。那么,中美两国到底是一种什么样的关系呢？结果，还是一个叫佐利克的美国前副国务卿厉害，他在2005年提出了一个概念，叫做"利益攸关者"。这个概念十分精当地界定了当今中美两国的关系的性质，而且富有想象力。从那之后，"利益攸关者"这个定位就在中美两国处理相互关系、制定各自外交战略和策略方面实际上发挥着基本的指导性作用。难道不是这样吗？现在的中国需要美国，因为美国是中国最大的贸易合作伙伴，是中国商品的最主要的出口国，中国需要向美国卖东西，缺少美国市场的强有力支持，中国的经济便会疲软，许多产业便会凋敝，大量工人就会失业。同样，现在的美国也离不开中国，美国需要中国提供低成本的产品，缺少了"Made in China"，美国人的生活将会一片黑暗。所以，中美两国早已是你中有我，我中有你。虽然彼此都不太喜欢对方，但是日子还不得不凑合着往下过。为什么呢？就因为利益攸关。

我想说的是，虽然谁都清楚中美两国现在已经是谁也离不开谁这样一个事实，谁都知道应当基于这样一个事实来对两国关系的性质加以准确定位，但"利益攸关者"这样一个既一语中的又富有想象力的概念，最终却还得仰仗美国人的脑子转一转，我们的政治家们、外交家们、那么多的智囊们怎么就想不出来呢？类似的一语中的、富有想象力的概念还有很多，譬如"知识社会""信息高速公路""不对称战争""物联网""协商性共识""多元智能""非学校化社会""反思型教师"等等，都是西方人创造出来的，几乎没有一个是中国人首先想出来的。

为什么如今的西方人能够生产出那么多富有想象力的概念、那么多原创性的思想和方法，而现在的中国人却常常只是跟在后面学习和模仿？难道真的是西方人比中国人更聪明吗？当然不是。原因也还是有很多，但是我觉得，其中的一个十分重要的原因，就是我们现在的体制至少在客观上不允许人的想象力的喷发、不鼓励人的创造性的发挥、不欣赏人的自由展现，它所允许、所鼓励、所欣赏的，是按部就班，是循规蹈矩。

难道不是这样吗？对于我们的现行体制的种种毛病，我们难道没有切肤之痛吗？要说我们的体制究竟是一种什么样的体制，我虽然不是体制研究专家，不能讲得头头是道、十分精当，但是我想，其实用不着多少研究，我们也能真切地感受到,我们这个体制的一个最大的特征,同时也是最大的弊端,就是行政本位、官本位。

关于行政本位、官本位的问题,这些年来人们也已经谈得很多、谈得很好了,我也不可能说得更多、说得更好了。我这里想强调的是,这种行政本位、官本位的体制具有"垄断资源"和"制造等级"的本能,而这两个"本能"至少在客观上必然会"指挥"教育工作者按部就班、循规蹈矩,必然会阻抑人的想象力和创造性的发挥,并因此且必然会严重阻碍教育改革顺畅前行。大家也许会说,这两者之间还会有关联吗?我说,当然有,我们不妨稍微具体分析一下。

第一,垄断资源。在这种行政本位、官本位的体制下,我们的政府部门掌控了太多的教育资源,尤其是垄断了许多重要的办学资源。可以说,在中国办学所需要的重要办学资源几乎都被政府部门垄断着,这已成为一个众所周知的事实。这些重要办学资源包括人、财、物三个大的方面。不用说,"人"指的是师资队伍,"财"指的是办学经费以及各种各样的支持经费,"物"包括地皮、房子、设施设备等等。"物"当然是要花钱买的,因此"物"也是钱的一种表现形式。不过,这些"物"也并不完全是个"钱"的问题,有钱不一定能买得到地皮,有钱不一定能盖得成房子,因为买地皮、盖房子等等也是要政府部门审批的。

坦率地讲,这么多的重要办学资源垄断在政府部门手中,其实是一件很烦人的事情。但我们的政府部门一点也不嫌麻烦,因为垄断了这些资源,就可以按照自己的意愿来进行资源的配置了。不进行资源配置,垄断了再多的资源也没有用。我们的政府部门就喜欢对各种各样的办学资源进行配置。在这方面,我们的政府部门特别能开动脑筋。脑筋开动的结果,就是设立各种各样的"项目"、推出各种各样的"工程"让学校去申报,然后由政府部门来组织评审,最后再由政府部门来进行审批。我们的政府部门就这样不断地设立各种"项目"和"工程",不断地诱惑学校去申报,再不断地组织各种各样的专家评审,不断地进行各种各样的行政审批。学校不是想要办得更好吗?不是想要保持或者改变自己的地位吗?对不起,那你对于这些"项目"和"工程"的申报就不能视而不见、听而不闻,就得按照政府部门的要求去做,哪怕你知道这些要求有许多是不合理的甚至是荒谬的,哪怕你知道这些所谓"项目"和"工程"对于学校的健康发展不会有多少实质性的推动作用,哪怕你知道政府部门推出这些所谓"项目"和"工程"的一个很重要的动机其实是想"寻租",哪怕你知道要想申报成功可能得走一点旁门左道。事实上,我们的政府部门和学校都心知肚明的是,许多的"项目"和"工程"对于学校的健康发展不仅没有多少实质性推动作用,常常还会起到很大的负面作用,因为它助推了形式主义,败坏了风气,搅乱了教育改革本来应当享有的健康的文化氛围。

但政府部门可管不了那么多,它只知道通过垄断资源、分配资源,就能把学校管得服服帖帖,就能把学校牢牢绑在政府办学的战车上。所以,不少学校领导都有个自嘲性的说法:什么"教育家办学"呀?现在的校长也就是一个"工程队长""施工队长",跟着政府部门的"工程指挥棒"转都来不及,哪里还有时间和精力真正沉下心来,认认真真地思考学校的发展战略、踏踏实实地探究学校的改革创新?哪里还有可能成为什么教育家呢?

第二,制造等级。在这种行政本位、官本位的体制下,我们的政府部门还制造出名目繁多的各种"等级",包括林林总总、形形色色的奖项、名分、荣誉等等,诱惑学校和教师去竞争。在这方面,政府机构庞大的弊端再一次凸显了出来。因为,政府机构规模庞大、部门林立的结果,就导致政府部门所设立的奖项、名分、荣誉也实在是花样百出、名目繁多。可以说学校的日常运转涵盖多少领域、涉及多少方面、包括多少层次,我们的政府部门就能相应设立多少种类的奖项、名分、荣誉,诸如优秀教学成果奖、优秀研究成果奖、优秀学科带头人奖、优秀创新团队奖、道德模范、优秀党务工作者、安全保卫先进单位先进个人、计划生育先进单位先进个人奖,等等等等,数不胜数。我孤陋寡闻,不知道是否还有其他像样一点的教育发达国家的政府部门也像我们这样,任由政府部门来巧立如此繁多的名目,对学校进行如此繁杂的等级区分。从某种意义上讲,在我们这里,学校之间的差距虽然有历史方面的原因,但不可否认的是,这些差距在相当程度上也是由我们的政府部门一手制造出来的。

也许你会说,他评他的,我干我的,我淡泊名利,我埋头苦干,我一门心思搞教育,我一门心思搞改革,还不行吗?毫无疑问,这样说完全正确,非常对!事实上,也确实有一些学校、一些教师就是这样去做的。但是,这样的学校和教师毕竟只是少数,而且是极少数。大多数学校和教师——我还是讲的"大多数"——都不可能完全超脱于这些奖项、名分、荣誉的竞争之外,大多数学校和教师都是既无奈又自觉地、既很不情愿又全力以赴地、周而复始地卷入到这种没完没了的无聊竞争过程之中。因为,大家都知道马太效应的厉害,都知道有了一个奖,就有可能以此为基础争取到第二个奖,有了第二个奖,就更有可能再争取到第三个奖,这样层层叠加,越聚越多,越聚越大,各种各样的资源也就可以源源不断地抓取到手中。

于是,这就出现了法国著名社会学家布迪厄所说的"共谋"现象,这就是"官学共谋"。政府部门持续不断地设立各种各样的名目,持续不断地进行各种各样的资源分配,持续不断地实施各种各样的等级区分,这已经成了我们的政府部门给自己规定的一项中心职能、一种工作主旋律,甚至成了一个文化偏好。而学校则持续不断地按照政府部门的要求,围绕政府部门设立的各种名目,不遗余力地去争夺资源、争夺奖项、争夺名分、争夺荣誉,不停地争啊、争啊、争啊,仿佛学校上上下下的中心工作、主要任务就是在政府部门的指挥棒下去进行这些没完没了的争夺。

因此,我们也就不难看到,在这种体制下,政府部门的工作重心很容易"指挥"学校相应确定自己的工作重点,政府部门的工作主旋律也很容易"引导"学校相应确定自己的主战场。而就在这样一种"共谋"的过程中,学校本应具有的所谓根据学生发展的需要、民族未来的需要去办学的神圣使命感不见了,所谓按照教育规律、教育常识去自主办学的欲望、意识及行动不见了,尽管这方面的大话和套话也还在持续不断地说着,但我看也没几个人会信以为真。

体制的枷锁
垄断资源　制造等级

既然这样,真正的教育改革也即无从谈起了。为什么呢?因为真刀真枪的改革实在是件吃力不讨好、得不偿失的事情。搞改革不一定能从政府部门获得所需资源,而不改革,一切按照政府部门的规定去做,什么时候都按政府部门的要求去做,那就最容易得到政府部门的认可,最容易获得政府部门优质资源的配置。而且,即便是搞改革,也不是你想怎么改就可以怎么改的,你得尽量按照政府部门所喜欢的那个样子、那种方式去改,或者说,尽量不要改得让政府部门不高兴、让他们为难。要不然,你本来可以获得的或者本来可以更多获得的资源就要大打折扣了。

在这样的体制下,广大的学校和教师怎么可能普遍地充满开拓与创新的激情和欲望?怎么可能普遍地怀有改革与发展的激情和欲望?怎么可能不断生产出刚才谈到的富有想象力与创新性的那些概念、思想和方法来?在这样的体制下,即便是天才,他的天赋也很难有充分的发挥空间;即便是英雄,他的本领也很难有广阔的用武之地。

你可能会说,政府可没叫学校循规蹈矩呀!政府可是鼓励和支持学校改革创新的呀!是的,在许多政府部门的文件中,确实也是这么说的,白纸黑字写得清清楚楚。可是,你可别忘了,台面上的语言悦耳动听,台面下的行为却背道而驰,这已成为不只是政府部门,而且也是整个社会中的一种普遍现象。以政府部门的资源分配、过程监控以及效果评估几乎无处不在为基本特征的行政本位、官本位的现行体制,至少在客观上打压着教育改革创新的激情,阻扰着教育改革创新的步伐。我这样讲应该没有言过其实吧?

我想大家应该都知道南方科技大学的例子。早在 2007 年,深圳市就开始筹建一所定位为亚洲一流的研究型大学。可是,筹建报告提交给教育部后,迟迟得不到批准。2009 年,中国科技大学原校长朱清时应深圳市政府邀请,出任南方科技大学校长。按照朱清时的设想,他要参照香港科技大学的建校模式,将南方科技大学一步到位地建成一流的研究型大学。朱清时的志向十分的远大,气魄也非常的豪迈!结果呢,到任一年多,南方科技大学依然没有拿到教育部的建校批文。为什么呢?因为按照现有的规章制度,要想创办一所新的高校,只能先办大专或学院,然后升格为本科院校,接下来再申请硕士点、博士点,几十年之后才能建成一所研究型大学。但朱清时是一个改革者,他等不起,于是一气之下,于 2010 年 12 月 18 日宣布:筹办中的南方科技大学将正式以"自主招生""自授学位和文凭"的方式进行教改,成为中国第一所从教育部手中收回办学自主权的高校。

这件事影响很大,受到广泛关注。最后是教育部迫于舆论压力,在当年年底下达了批文。但是并没有批准南方科技大学的招生资格,教育部公布的

2011年高考招生院校目录中南方科技大学也不在其列。因为,在教育部看来,按照现行的法规,南方科技大学的自主招生以及自授学位和文凭的做法都属于违规行为。这样,如果南方科技大学实行完全的自主招生并自授学位和文凭,那就意味着它的学生不必参加高考。而不参加高考,则意味着毕业时将无法获得教育部认可的学籍和文凭。

但即便是这样,2011年3月,在家长的支持下,在清楚地知道无法获得教育部认可的文凭和学籍的情况下,第一批教改实验班的45名高三理科学生还是毅然决然地办理了入学手续。两个多月后,教育部发言人在接受媒体采访时说:"教育部支持南方科技大学的教改探索,但任何学校改革都须依法办学。"这一表态暗示了这45名实验班学生必须参加全国统一高考。随后,深圳市教育局等政府部门也一再要求南方科技大学安排这些学生参加高考,并说这是教育部的意愿。但是,南方科技大学始终持抵触的态度。而且,在高考前一周,这45名实验班的学生以公开信的形式宣布,将集体拒绝参加高考。朱清时校长也通过媒体表示,学生的态度就是学校的态度。

南方科技大学"反抗"现行体制的行动与教育部"保卫"现有体制的做法针尖麦芒、水火相对。这场拉锯战虽然规模不大,却具有十分深刻而鲜明的象征意义,也吸引了全国高教界的眼球。包括南方科技大学实验班的学生在内的改革者都领略了现行体制的厉害,正像有的学生所说的那样:"来了南方科技大学,才知道原来教改的路很难走。"

也许,南方科技大学离我们太遥远,那就干脆回想一下我们××××××学院申报硕士点的过程吧。2002年第一次申报,没有通过。2005年第二次申报,也没有通过。2009年第三次申报,还是没有通过。中国人有句老话,叫做"事不过三",但"×××人"不信这个邪,今年又一次申报,终于成功,大获全胜。(掌声)整个过程历时将近10年,长于8年抗战。作为见证人之一,我可以用十六个字来概括这个过程,叫做"艰苦卓绝,前赴后继,可歌可泣,一言难尽"。(掌声)听说整个学校从校领导到普通教师乃至学生都很兴奋。譬如,这里就有三个学生发在网上的帖子:1. 我是一名刚毕业的03级××××专业的学生,看到我的母校有今天的辉煌,我很高兴! 2. 真是自豪啊!为自己曾在这里学习和生活过而感到幸福！3. 偶是一新生，偶也很激动。（笑声，掌声）说实话，除了他们，作为××××××学院的老朋友，偶也很高兴，（笑声，掌声）昨天晚上就破例喝了点酒，举杯祝贺！

可是，高兴之余，我们也得想一想：为什么第一次就没有通过呢？为什么第二次也没有通过呢？为什么第三次还是没有通过呢？难道是我们学校的条件真的不具备吗？当然不是。是我们的申报过程违反了教育部的规定吗？也不是。主要原因只有一个，那就是指标的限制，一个省只有一个或两个指标。因此，即便具备了申报资格，也不一定能通过。那么，这个指标是谁规定的呢？教育部！

问题也就出在这里。教育部干嘛要限制指标呢？在西方国家，从来没有听说过对于研究生培养单位还有指标的限制。你这个学校达到规定标准了，就可以培养研究生了。学校有这个能力、有这个条件培养研究生，干嘛要阻止它呢？也许你会说，社会不需要培养那么多的研究生啊，所以要限定培养单位的数量。这种说法似是而非。如果学校不考虑社会需求，盲目招收研究生，学生毕业后就业便会成问题，就会影响今后的招生，迟早会办不下去。那么，学校自己就会削减招生名额，或者叫停有关专业。这些都是学校自己的事，应当由学校自己来决定。可是在我们这里不行，能不能招收研究生，能招收多少数量，统统都由教育部说了算。这就是体制问题了，什么都由政府部门说了算！这就不是学校在办学了，而是政府部门在办学了。这不符合教育规律，没有道理。确切地说，是违反教育规律，非常荒唐。因此，我们的这个体制可以说真的是一个不讲理的体制。

所以，在行政本位、官本位的体制这道枷锁的羁绊下，教育改革就只能是戴着镣铐跳舞了，只能是举步维艰了。这些年来，不是一直都有建设世界一流大学的说法吗？北大、清华要建世界一流大学，浙大、复旦也要建世界一流大学。这些学校要建设的，当然是世界一流的综合性大学。还有其他不少高校，都想建各种不同类型的世界一流大学。

我不清楚这些学校在所谓建设世界一流大学这件事上究竟是真心还是假意。但我总感到它们不是真的，至少不全是真的，多少有点虚张声势。因为，我总觉得以它们的智商——我以为北大、清华、浙大、复旦的这些精英们的智商肯定是不低的——应该不会不知道建设世界一流大学最根本的前提是什么。是什么？那就是大学拥有真正的办学自主权。它们应该不会不知道在我们现在的这种体制下，学校根本不可能自主地确立办学思想、自主地获取办学资源、自主地形成办学模式。因此，所谓建设世界一流大学这件事，如果现行体制不变，那么，即便对于国内顶尖大学来讲，也根本不是经过努力、稍微跳一跳就可以摘得到的树上的桃子，甚至不是经过长期奋斗最终就可以实现的理想，而只是嘴上喊喊而已的一种口号，是用来套取国家更多资金投入的一种策略。谁都知道，在我们国家，建设世界一流大学可不只是学校自己玩玩的事，它关系到国家的脸面，所以政府会有投入，而且是大手笔投入。所以，政府对于这些要建世界一流大学的国内顶尖高校往往一出手就是几个亿、十几个亿、几十个亿。

　　换句话来讲，这些学校明明知道在现在的这种体制下根本不可能建成真正的世界一流大学，却成天高喊要建设世界一流大学，这就等于是在玩圈钱的游戏了。当然，或许这些国内顶尖高校自身并不都这么认为，尤其是这些大学的一些学生不这么认为。不是有这么个笑话嘛，说的是对北大、清华两所学校的学生进行调查，问北大与清华哪一家最接近世界一流大学。北大学生选择的答案全都是北大，因为他们觉得北大已经离世界一流大学不远了，而清华还早着呢！那么，清华学生是怎么回答的呢？清华学生选择的答案也全都是北大，因为他们认为清华已经是世界一流大学了，根本不存在什么接不接近的问题，而北大与世界一流大学还有一段距离，因此，亲爱的北大，一流尚未达到，你们仍需努力。（笑声）

　　中国教育改革进行了三十多年之久，还要再继续进行十年（《国家中长期教育改革和发展规划纲要》的执行时段就是十年）。十年之后是否就能走出"深水区"？经验和直觉告诉我，绝无可能。这场改革究竟什么时候可以取得基本成功？可以说没有人能够负责任地加以预测。我个人认为，中国教育改革之所以会成为世界教育改革史上罕见的、耗时漫长的教育改革，行政本位、官本位的现行体制的强烈阻扰可以说起了太坏的作用。在这种体制下，学校连办学自主权都不能充分享有,还怎么能进行真实的、顺畅的改革?

三、观念的束缚

第三种因素是观念。我们的教育改革还受到一些传统的、陈旧的、落后的观念的严重束缚。

首先我想说明一点,改革开放搞了三十多年,到了今天这个份上,许多事情主要并不是一个知不知道应该做什么的问题,而是一个愿意不愿意做、敢不敢做的问题。教育行政部门的官员难道不知道在教学中应当使用质量更优、更适合于学生学习的教材吗?他太知道了!但是为了保护本地出版社的利润,以便自己也能从这笔利润中分得一杯羹,他宁愿规定本地学校只能使用本地出版社出版的质量可能次一点的教材。前些年,许许多多的大学难道不知道一直在进行的高校本科教学评估导致了严重的形式主义、普遍的弄虚作假、事实上的逼良为娼吗?他们太知道了!但他们就是不敢明确反对教育部的指示,于是就一边在私下里大骂这种评估,一边却老老实实地接受评估。就连北大、清华也不例外,他们开始是坚决抵制,但后来渐渐地也顶不住了,最终还是不得不接受评估。所以,许多事情真的不是懂不懂的问题,而是愿不愿、敢不敢的问题。

不过,另一方面,我们也要承认,在不少问题上,也还是存在着懂不懂的问题,也就是认识有没有到位、观念有没有形成的问题。事实上,一些传统的、陈旧的、落后的、或者很左或者很右的观念也还在束缚着人们的手脚。改革的一个前提就是要放开手脚,而观念一作祟、手脚一束缚,改革的启动和推进就都成了问题。

(一)"公贵民轻"的观念

这里的"公"指的是公办教育,"民"指的是民办教育。世界教育发展的历史已经证明了一条"真理":义务教育阶段之后的教育,尤其是高等教育,不宜全部由政府来举办,而是应当由政府和民间各自举办,放手让民间举办。大学不能全都是公立的,而是应当有私立的,而且应当是私立大学多于公立大学。这不光是因为高等教育经费不能全部由政府来承担,而且也是因为相对于公立大学来讲,私立大学在持有自觉自愿的教育理念、进行自主自立的资源寻求、从事自由自在的科学探究以及形成自创自造的教育模式方面比公立大学做得更好。或者说,这些特征在私立大学那里体现得更明显、更彻底。也许正是由于这个原因,当今世界排名中位于前列的那些著名大学中,绝大部分都是私立大学。2011年世界排名前20的大学中,17所都是私立大学。

应当说,我们国家显然也意识到了这个问题,并且有意通过公办和民办两条腿走路的途径,来搞活高等教育、发展高等教育。因此,在经过20多年尝试的基础上,在2002年颁布了《中华人民共和国民办教育促进法》。这应该说是关于民办教育的根本大法了吧?而且,从颁布到现在也有将近十年的时间了,可是,却基本上没有什么明显效果。民办高校到民政部门注册,它的法人地位被叫做"民办非企业"。简直是个非驴非马的称谓!由于受到职称评定、工资收入、退休待遇等多方面不利因素的影响,民办高校的师资队伍层次偏低、素质欠佳。民办高校的招生也是困难重重,生源一塌糊涂。民办高校的生存与发展空间受到来自公办高校的各种各样的严重挤压。

造成这种状况的原因很多,其中之一就是"公贵民轻"的观念在作怪。这个观念可以说已成为我国解放后形成的一种传统思想观念,它长期以来在很大程度上影响着人们对于教育、文化、医疗卫生等社会事业的地位和品质的判断,以至于形成了这样一种刻板印象:公办的就好,民办的就不好。资源首先给公办,民办的自己攒;机会首先给公办,民办的先免谈;名额首先给公办,民办的靠边站;生源首先给公办,民办的吃剩饭,等等等等。这就导致了民办高等教育始终处于一种边缘的、底层的、被遗弃的状态。这样来对待民办高等教育,还不如不办。如果这种"公贵民轻"的观念仍然"一如既往"地支配着人们的思维和选择,那么,中国的民办高等教育就根本不可能有一个光明的前景。而如果民办高等教育不能充分地、蓬蓬勃勃地发展起来,那么,所谓现代高等教育体系的建立,所谓世界一流大学的建立等等,都只会是空留一堆口号而已,除了可以表现一下爱国情绪、满足一下嘴巴上的快活之外,不会有任何实际作用。

(二)"师威生从"的观念

"师威",说的是教师的权威;"生从",说的是学生的服从。当然,在信息化、网络化时代的今天,学生获

观念的束缚
公贵民轻　师威生从

取知识的途径早已不只限于书本上的和教师传授的内容，教师对于学生的知识权威地位也已经完全不能同过去相提并论。但是，这并不意味着在我们国家，我们的教师现在已经普遍意识到，比传授给学生知识更为重要的，是激活学生的潜能、激发学生的想象力和创造力；也不意味着我们的教师现在已经普遍意识到，灵动的、活泼的甚至看上去有点凌乱的课堂样态，其实比教师严密掌控、学生中规中矩的课堂秩序的价值要大得多；更不意味着我们的教师现在已经普遍认识到，学生常常可以充当教师的老师，教师应当和学生共同成长。在我们这里，许多教师在思想深处也还是想竭力维护自己的权威，希望学生服从，虽然不少教师可能并不是通过强制的手段，而是常常采取使学生可以接受甚至是比较舒服的方式来让学生最终服从。这其实是让学生服从的一种更"厉害"的方式。许多学生在思想深处也还存在着教师是成人社会派来教育和管理我们的代表这样一种意识，"我爱我师，我更爱真理"之类的观念还远远没有普遍形成。

因此，在我们这里，也就很难看到学生为了自己的求知欲望、求异动机和求新冲动，而敢于质疑课本、敢于追问老师、敢于要求改变不合理的规范秩序。这样，"师威生从"的观念也就极大地制约着以平等、自由、灵动的师生交往为前提的教育教学活动改革。在这种观念的束缚下，我们的教育教学活动改革总是表现出相当程度的"节制"，总是不能做到酣畅淋漓，总是不能完全到位，总是让人感到教师在悄然地却依然是强有力地控制着整个教育教学活动。

总之，利益、体制、观念这三种因素紧紧地围困着教育改革，使得教育改革的进程受到严重影响。可以认为，即便没有其他因素，就这三种因素，便足以让教育改革的效果大打折扣，甚至陷入困境。

这种困境让人忧虑不已。我在最近刚刚发表的一篇文章《揭示"中国教育改革"之谜》中就写下了这样一段话："改革开放 30 多年来的'中国教育改革'既不言而喻，又一言难尽……所谓'一言难尽'，是指中国教育改革范围之广泛、过程之艰难，实为世所罕见。从范围上看，中国教育改革涉及教育的所有阶段、所有领域、所有层面，几乎无所不包。这样一种全方位的教育改革，过去通常只有在一个国家的政治、经济制度发生颠覆性革命后才会发生。从过程上看,中国教育改革起起伏伏,一波数折,其中屡屡呈现的诸多复杂状况、样态、局面等等,常常可用'鱼龙混杂''真假难辨''乱象丛生'之类的词来形容。及至今日,我们已很难仅凭各种公开的文件、仪式、会议、活动以及相应的媒体报道,就能准确判断教育改革的实际进程与实际效果……已很难有谁敢于断言中国教育改革究竟是否能以及何时能真正出现根本性突破。在这个意义上,'中国教育改革'含有相当的未知数,具有相当的不确定性,并因此而'一言难尽'。"

但是,我们显然不能因此而退缩。在我们这样一个大国,在国际竞争愈加激烈的当今时代,在我们教育本身、我们的社会本身导致学生成长发展方面愈发问题多多的今天,不改革就没有出路,退缩就是死路一条。套用一下莎士比亚的《王子复仇记》中哈姆雷特的那句名言"生还是死,这是一个问题"的句式,我们也完全可以说:"改革还是维持,这是一个问题"。我们当然要改革,我们只能知难而进,下定决心,从困境中突围。

突 围

"从困境中突围?"怎么突围?我认为至少需要考虑三个问题。

一、合理的利益回报

举个最简单的例子。我们都知道,教育改革只要涉及学校,那就必须得到大多数教师的积极支持和主动参与,这是个近乎于常识的道理。可是,这"大多数教师"究竟凭什么去积极支持并主动参与教育改革呢?仅仅凭借着对于民族复兴和学生发展的高度责任感吗?根本不是,也不可能是。当然,要声明的是,我不否认大多数教师都应当向少数楷模教师学习,都应当为了促进学生更好发展、助力实现中华民族复兴而积极支持并主动参与教育改革。但是,这么多年来的改革实践反反复复提醒我们的一个基本常识就是:对大多数教师而言,他们是人,而不是神,他们对于切身利益有着一系列的合理寻求。这里所说的"切身利益"包括晋升职称、增加薪酬、获得奖金、获取荣誉、提升地位、享受机会等等。如果教育改革者只是对教师们寄予道德期待,提出责任要求,只是希望他们为了学生发展和民族未来而积极支持、主动参与教育改革,却不去关注和满足他们的切身利益,那么,这样的道德期待、责任要求、行动希望等等,是很难得到教师们普遍的积极回应的。即便教师们起初有所回应,也不可能持续地积极支持,更不可能主动参与。

进一步来讲,如果我们只是对教师提出道德期待、责任要求、行动希望,而不关注他们的切身利益,那么,这样的教育改革本身就存在道德上的问题。也就是说,我们不能把教育改革的推进完全建立在要求大多数教师无私奉献、无条件牺牲的基础上,尤其是当教育改革需要教师进行持续的艰苦探索、需要他们付出超出寻常的努力的时候,更不能一个劲地只是对他们讲要对学生发展负责、要对民族未来负责等等。

换句话来讲,要想使教育改革得到大多数教师的积极支持和主动参与,就应当让积极支持并参与教育改革的教师得到合理的利益回报,在晋升职称、增加薪酬、获得奖金、获取荣誉、提升地位、享受机会等方面制订一系列措施,并真正落实到位。毫无疑问,薪酬的提高、奖金的发放、机会的给予(专业培训、外出考察与交流等)等等,都需要有相应的经费投入和资源配置,这些都属于"改革的成本",但改革本身确实是需要成本的。调动教师支持和参与教育改革,绝不能只靠精神引领和思想动员。对于今天的大多数教师来讲,单一的精神引领和思想动员,作用已经十分有限。事实上,今天也已经不同于过去,给予教师的有些东西看上去并不是物质的,但说到底也还是和物质利益挂钩的。比如,在当下中国的评价体系中,职称、荣誉、地位等的提升,就并不只是"名分"上的一些变化,而是或迟或早都会转化为相应的物质利益的。也就是说,给予教师的这些所谓"名分",也同样需要一定的经费支撑,同样需要付出改革的成本。

合理的利益回报
改革道德 改革成本

二、动真格的体制改造

现在看来,在当下整个中国社会的改革中,体制改革处在一种关键的地位,在相当程度上有着某种牵一发而动全身的作用。行政本位、官本位的体制不改,其他许多的改革根本推进不了。而改革开放三十多年来,最没有进展或者说进展最小的可以说恰恰就是体制改革。讲得不客气一点,目前为止体制方面的许多所谓改革,都是相当地鬼糊鬼,基本上都是发发文件,煞有其事地强调一下,最终变成走个形式、游戏一下、忽悠一下。结果是,时至今日,这种行政本位、官本位的体制不仅没有实质性改变,而且还呈现出不断强化的趋势。这很糟糕,也很危险,因为只要这种体制依然存在,中国教育改革就不会有太大的出息。

怎么办？由于体制的改造只能是自上而下、上行下效,因此,首先是中央要下决心、国家要下决心。千万不能再按行政级别把学校分为三六九等了,千万不能再把重要的办学资源几乎全都集中在政府部门手中了,除了极少数事项。政府部门千万不要再组织对学校进行没完没了的检查、验收、评估、评审了。把办学的自主权以及相应的责任真正还给学校吧,把对学校办学进行评价的权力交给独立的第三方吧。这些当然都不是容易的事,但只要中央下决心,国家下决心,天也不会塌下来。改革开放都已经三十多年了,再不下决心,再不进行动真格的体制改造,最后真的连黄花菜都要凉了。

不过,我也并不认为在体制改造方面,我们就无事可做,就只能坐等中央动手、坐等国家出手。我一直主张,为了更好地促进教育改革和发展,学校与学校之间应当建立一种联盟。

> **动真格的体制改造**
> 官方决断　民间联盟

通过这种联盟,共同探讨教育改革的重大问题,并不断提出自己的主张,发出自己的声音,促使政府部门意识到学校的普遍意愿所在,感觉到学校联合起来的力量所在,为中央和国家进行积极而稳妥的体制改革创造必要的基层学校基础。我总觉得,如果各个学校自身都是些散兵游勇,都只是一方面在私下里发发牢骚,对行政本位、官本位的体制背地里骂娘,另一方面在公开场合却又对行政本位、官本位的体制百依百顺,甚至还说一些言不由衷的赞美之词和谄媚之语,那么,行政本位、官本位的体制就只会活得更加无忧无虑、更加滋润惬意。如果真是这样的话,那么,教育改革取得根本性突破与实质性成功的希望自然也就十分的渺茫。

三、深度的观念更新

"姓'社'姓'资'"的观念、"公贵民轻"的观念、"师威生从"的观念等等,都不符合当今时代对于中国教育改革发展的要求,都需要坚决地破除、大胆地更新。观念的破除和更新当然也不是一件轻而易举的事情。有句话不是说嘛,"罗马不是一天建成的"。同样,观念的排除和更新也不是三下五除二、快刀斩乱麻便可完事的,不是借助于强制的手段甚至暴力的方式就能达到目的的。它需要通过持续不断的、持之以恒的思想讨论和舆论宣传,营造一种推崇先进观念、鄙视腐朽概念的文化氛围。

但另一方面,观念的破除和更新也不是仅仅通过思想讨论和舆论宣传就可以完成的。我们国家的思想讨论、案例分析、舆论宣传恐怕是全世界最普遍、最频繁,因此也是最"发达"的,如果仅仅凭借思想讨论、案例分析、舆论宣传就可以实现观念的破除和更新的话,那么,中国教育改革的目标恐怕在二十年前就早早实现了,就不至于在进行了三十多年之后还不得不坦言,说我们的教育改革才刚刚进入所谓"深水区"。

怎么办呢?我觉得一个十分重要的途径,就是加强法律法规的执行力度。事实上,我们不少的法律法规本身是体现着先进观念的,是合理的。如果这些法律法规能够得到坚决的、切实的执行的话,那么,人们就会知道违反法律法规或者不执行法律法规的严重后果,就会理解这些法律法规所依据的先进观念。长期坚持下去,人们就会逐渐敬畏这些法律法规,逐渐崇尚体现在这些法律法规中的那些先进观念,并逐渐形成这些先进观念。相反,如果有法不依、执法不严,那么,不仅将导致法律法规本身变成一纸空文,而且,体现在法律法规之中的那些先进观念也很难对人们的改革行动起到实际的引导作用。

> **深度的观念更新**
> 氛围营造　法规执行

譬如,早在 2002 年,国家就颁布了《中华人民共和国民办教育促进法》,其中的第三条规定:"民办教育事业属于公益性事业,是社会主义教育事业的组成部分";第五条规定:"民办学校与公办学校具有同等的法律地位,国家保障民办学校的办学自主权";第二十七条规定:"民办学校的教师、受教育者与公办学校的教师、受教育者具有同等的法律地位。"这样的法律规定本身是打破"公办高于民办""公办尊于民办"的陈旧观念的结果。可是,在民办教育发展的实际过程中,这个法律并没有得到坚决的贯彻执行,民办学校与公办学校的平等法律地位至今没有得到充分体现,甚至在相当程度上可以说基本没有得到体现,民办教育的发展举步维艰。而这样一种有法不依、有规不遵的状况,反过来又强化了人们原本就已存在、尚未很好破除的"公高民低""公贵民贱"的观念。因此,要使人们破除旧观念形成新观念,前面提到的思想讨论和舆论宣传等等固然是必要的,但体现新观念——只要不是过于理想化的新观念——的那些法律法规的切实执行,也是必不可少的。在某种意义上,它所收到的实际效果要远远超过思想讨论和舆论宣传。

合理的利益回报、动真格的体制改造、深度的观念更新——这就是我认为中国教育改革要从困境中突围需要采取的三管齐下的路径。讲得不一定对,期待各位的批评指正。

(2011年11月5日,常州)

研究生与导师应当是怎样的关系

主持人(陕西师范大学教科院院长郝文武教授)：

很高兴请来了国务院学科评议组成员、教育部社会科学委员会委员、南京师范大学副校长、博士生导师吴康宁先生为我们作学术报告,我们表示热烈的欢迎。(掌声)今天的报告是我们教育书院教师讲会第二十六讲。过去的二十五讲大体分为两个内容,一个是广泛的教育学问题的研究,再一个就是教育研究方法的探究。从今天开始增加一个新的内容,邀请专家教授来讲述他们做教育学研究的经历和培养本科生、硕士生、博士生的经历,通过这些讲述给我们说明如何做一名优秀的教师、著名的教育学专家、著名的教育家。我就不多说了,请吴老师通过他个人的经历来向我们讲述"研究生和导师——理想关系的建构"。欢迎！(掌声)

研究生与导师应当是怎样的关系

各位同学、老师：

大家下午好！

这几年常到陕西师范大学来，有点像走亲戚的感觉。(笑声)其实，本来今年的答辩是来不了的，因为这段时间有些特殊情况，杂事特别多。但是，我是比较佩服郝文武老师的，他就是凭着他的那种品质、那种坚韧不拔的精神以及那种带有乡音节奏的延安普通话，(笑声)几乎让你觉得你就是有天大的事情都得统统撇开，都应当到陕西师大来！(笑声，掌声)现在我也就大致能够推断出当年毛泽东把中国共产党抗日总根据地放到延安来的原因了。(笑声，掌声)

可是，你一旦答应到陕西师大来，事情就没那么简单了。(笑声)你要参加论文答辩，一答辩就是七八个。而且，从今年答辩的论文来看，题目极为宽泛。你不光要懂普通教育，还得懂职业教育；不光要懂基础教育(中小学教育)，还得懂幼儿教育，还得懂高等教育；不光要懂外语教育，还要懂什么诗意德育。(笑声)基本上是通吃的。让你觉得到陕西师大来答辩一下，回去以后胆也就大了，什么都敢说了。(笑声，掌声)问题是不光要答辩，你还得讲一讲。郝老师在电话里说："既然来了嘛，总得讲一讲。"(笑声)他要我作学术报告，我说可讲的题目倒是有几个，但这段时间真的没有时间准备，这次就算了吧！他说不行，来了就得讲一讲。(笑声)我都可以猜想到电话那头郝老师的表情非常严肃，(笑声)所以当时就有一种感觉，就像是遇到"拦路打劫"的了。(笑声)我说好吧，讲就讲吧，但是学术报告这次是真的不行了，因为好多东西还没有琢磨清楚，那就还是讲一点别的吧，我得想一想。

可是还没等我想好，大概也就是七八天前吧，郝老师又来了一封邮件，说是你就讲一讲自己的学术经历吧，你是怎么成长的。(笑声)我一想坏了，因为我感觉自己在郝文武老师心目中一直是充满活力的、朝气蓬勃的，怎么让我讲自己的成长道路啊、成长经历啊？那就要和一些成语联系在一起了，什么"和蔼可亲"啦、"语重心长"啦之类的，那就是一种老教师的形象了。我一直以为我很年轻，结果在郝文武老师心目中我已经很老了。(笑声，掌声)所以，我说这个学术经历是不能谈的，只能谈一点体会吧。

既然是来参加研究生答辩，那就谈一谈研究生和导师之间的关系。这么多年来,有一些经验,也有些教训,经验比较少,教训比较多。本来是想随意说一说的,但也还是企图有一点理论的色彩,所以就概括了一下。我觉得研究生和导师之间的关系可以通过四个词来表达,这四个词就是"与、对、并、连"。

人与人的关系

首先,研究生与导师的关系应当是一种"人与人"的关系。

这可以说是老生常谈了,这么多年,谈得几乎都有点烂了。但是我觉得这个问题看起来简单,其实还是有许多可以探讨的空间,尤其是在我们日常的教育教学实践中,要想做到真的很难。因为,本身我们对这个问题的认识也不一定完全到位。

这里所说的"人",首先是一个活生生的人。也就是说,研究生和导师都有着作为一个活生生的人所必然具有的正当需要。研究生是活生生的人,每个研究生都需要钱吃饭,需要钱买衣,需要钱买书,还要谈恋爱、结婚、生孩子,可能还要养家糊口,上有老、下有小。

对于这一点,许多导师是很少考虑的。我自己刚开始当导师的时候也是很忽视的,我觉得既然你报考我的研究生,那么,你进来以后我的主要任务就是怎么给你确定一个很好的选题,然后指导你怎么一步步做学术研究,最后,拿出一份像样的学术论文来。以前我一直是这样认为的。而在这样认为的过程当中,自觉不自觉地就把"研究生是一个活生生的人"这一点忘记了。忘记了研究生首先是要生存的,要生活得相对有尊严,然后才能有比较好的一个精神状态去进行研究。所以,导师有能力也好,没有能力也好,能力强也好,能力弱也好,都应当关注研究生的生存,关注研究生作为一个活生生的人的正当的生存需要。

反过来,研究生也要把导师看成是一个活生生的人。导师一天也只有二十四小时,他要吃饭、他要睡觉、他要工作,等等。其实,这也是我们这些年来与研究生交往的一个体会,就是不光导师有一个把研究生当做活生生的人的问题,研究生也有一个把导师当做活生生的人的问题。

举个最简单的例子。我们一般规定研究生学位论文在提交外审之前,至少要提前一个月交给导师看。但经常会发生这样的情况,研究生到了应提交审查期限的前三天甚至前两天才把论文交给导师,好像导师得停下所有工作来为他服务。这肯定也是不对的,我就是不吃、不喝,都来不及看你的论文。

这个例子举得也许不一定恰当,我想说的只是研究生和导师都是活生生的人,都有正当需要。当然,我首先强调的是导师要把研究生真正当成一个活生生的人,看到他在学术研究之外,还有作为学术研究之基础的许多正当需要。这是第一层含义。

第二层含义是独立的人。也就是说,研究生和导师都有着作为一个独立的人应当享有的人格尊严,研究生不是导师的"奴仆"、不是导师的"附庸"、不是导师的"随从"。我不太清楚陕西师大的情况,我只能靠猜测,我想陕西师大绝不会出现这种情况。但是在其他学校,还是有很多的。在许多情况下,尤其是在今天这样一个信息化时代,表面上看来大家都很独立,实际上在相当的程度上研究生常常是导师的奴仆——关于这一点,我在后面还会谈到——研究生是导师的附庸、导师的随从,唯导师的马首是瞻。

反过来也是一样,研究生也应该把导师看成是一个独立的人,导师也是有他自己的人格尊严的。我们现在也发现,不把导师作为独立的人来看待的现象,在一些80后的研究生中已经越来越普遍了。具体的情况,由于时间关系就不展开了。

第三层含义是受保护的人。也就是说,研究生和导师都有着作为一个受法律保护的人所拥有的一些权利。研究生有他的言论自由,不管导师说什么,他都可以提出自己的看法,提出批评意见。法律规定他所拥有的权利也有很多。其实,现在许多研究生也越来越厉害,他会抓住学校、学院的一些规定的矛盾之处,来对你的一些决定提出质疑,甚至诉诸法律。结果我们发现,研究生总是正确的,因为他们是受保护的。我们现在有些规定,尤其是学校、学院的一些规定,实际上是违反宪法的,是违反高等教育法的。关于这一点,我也不具体说了,因为涉及学校的一些隐私。我要是举南京师大的例子也不好,这里也有南京师大的毕业生,背后可能会瞎传,我就不说了。(笑声)

所以，研究生和导师，首先都得承认对方作为人的存在的价值，要把对方作为人来尊重。这样一种关系的关键词，它的要害，真的是"平等"。迄今不少研究生都把平等作为自己的学位论文的主题，但恰恰在研究生和导师的关系中，或者反过来说，在导师和研究生的关系中却没有做到平等。这种平等的关系，说白了其实也是一种公民与公民之间的关系。这是任何两个公民之间都应当有的关系，我们撇开师生不谈，工厂里的工人和厂长，农村里的村民和村长，部队里的士兵和首长，哪怕是街头的乞丐和中南海里的胡锦涛，相互之间都是平等的，这是毋庸置疑的。

这样一种人与人之间、公民与公民之间的平等关系，可以说是研究生和导师之间关系的一个基点。而我们的文化基因、我们的教育基因，实际上是倾向于导师这一边的，倾向于要学生尊师的。我曾经写过一篇随笔，对此提出了质疑：学生凭什么要无厘头地、没有任何理由地去尊敬教师呢？如果教师是禽兽的话，学生凭什么要尊敬他？教师打骂学生，学生凭什么要尊敬他？所以我觉得，没有任何前提的尊师其实正是我们的教育不能向前发展的一个很重要的原因，也是我们的学生、我们的未来一代，总是不能像西方青少年那样不断提出自己的观点、不断有新的发现的一个重要原因。这就像我们平时，老师和学生碰到一起，一般都是学生先和老师打招呼。可是，凭什么呀？老师为什么就不能先和学生打招呼？应该是谁先看到对方谁就先打招呼，但我们不是这样。

这使我又想起了一件事。前一段时间，在许多学校，研究生都在给导师过生日，以前是80岁时过生日，后来是70岁时过生日，现在导师60岁时也给过生日，50大寿也过生日，还有的导师年仅40岁，研究生也给他过生日。我后来就想，从尊师的角度看，这在中国也是一种传统了，学生给老师过生日，献上一种深深的祝福。（笑声）但现在的问题是，老师为什么不给学生过生日呢？大家都是人嘛，生日生日，作为一个人出生的日子的纪念，作为一个人获得生命原点的象征，大家都是平等的，凭什么就得学生给老师过生日，而老师不给学生过生日呢？当然，老师没有那么多时间给那么多学生过生日，那就谁也别过了。

再比如两个星期前的一件事情。我的一位博士生给我发了一封电子邮件，希望我对他的论文提出最后的修改意见。因为时间比较紧，他在电子邮件的最后写了这么一句话,他说:"希望你后天给我。"我当时一头恼火,心想,"希望"这个词是谁对谁用的?应该是长辈对晚辈、老师对学生、厂长对工人用的,你对我用这个词,什么意思?这三年白教你了!当时就想发火,但后来又想,我有什么理由发火呢?我这种想法不正是对师生之间的人与人的关系的一种亵渎吗?就是街头的乞丐,如果他希望改变自己的生活状况,如果他认为这个社会制度不合理,他给胡锦涛写信说"希望你能采取进一步的改革措施,改变这种极端贫富差距的状况",那么,他用"希望"这个词难道有什么不应当吗?毫无疑问是应当的。任何一个人都有权利希望另外一个人,只要不是强制的。我举这个例子是想说,尽管我自己是十分强调师生之间平等的,但不平等的念头还是经常会冒出来,因为它已经深深地浸入到我们的文化基因中了。说起来简单,做起来真不容易。

进一步来看,强调研究生与导师之间的关系应当是一种平等的关系,实际上也就提出了一条禁忌,也就是对研究生与导师的关系提出了一条禁忌,那就是双方都不要把对方作为自己的工具。因为既然对方是人,你就不能把他当作一种工具。这是一条准则,也是一个常识。

可是,在现实当中,我们的不少导师恰恰是没有把研究生当作人,就是把他当作一种工具。一种比较普遍的现象是——在我今天所讲的所有方面,陕西师大都是例外(笑声)——导师经常把研究生作为廉价劳动力来使唤。譬如,让研究生来帮助导师搞课题,三四个、五六个、七八个、十几个研究生都拉到导师名下,导师做主持人,大家组成一个课题组。这种做法我过去也常采用。但结果发现,研究生除了参与导师的课题所必需的知识之外,三年下来,如果他的学位论文也是导师的课题成果组成部分的话,那么,他几乎什么都没得到。

这里有一个例子,有一位导师主持了一个准国家级的课题,叫"中学创新教育研究"——我把课题的名称改变了一下,你们上网是查不到的,如果一查,知道我说的是谁,那就不合适了(笑声)——他的四位研究生的学位论文的题目都是围绕这个课题的。第一位研究生的学位论文题目是《中学创新教育价值研究》,其实他的学位论文原本不是这个题目,但最后变成了这个题目。第二位研究生的学位论文题目是《中学创新教育课程研究》,第三位研究生的学位论文题目是《中学创新教育教学研究》，第四位研究生的学位论文题目是《中学创新教育评价研究》。也就是说，这些研究生在三年攻读期间整个地围着导师的课题转，除了导师的课题之外，他知之甚少。结果，他的所有的思想，他的论文的核心概念、框架、结论等等，基本上和导师的都是一样的，连错误都差不多。这样做的结果是，研究生辛辛苦苦几年下来，最后虽然也写出了一篇学位论文，而且在此期间也发表了一些论文，但怎么说他的成果都是导师的成果的组成部分，怎么说都还是被笼罩在导师的学术成果的阴影之下，他没有属于自己的一个学术领地，没有属于自己的地盘，没有区别于他人的一些学术特点。

所以，对这样的导师，我们得给他一个称呼，这个称呼实际上是许多研究生早就在背后喊的。（笑声）有的研究生在笑，什么称呼？"老板"！我相信不少研究生在背后这样称呼他们导师的时候并没有带有贬义，可能平常就是这样使用的。但是，我这里是带有明显的贬义的。我这里所说的"老板"意味着什么呢？意味着剥削！理工科的导师被学生在背后喊老板，还有他的理由，理工科的老师的研究经费比较多啊，研究生帮他们做实验，他要付酬金啊，有的导师付得还比较多啊，足够研究生一般的学习生活所需。可是文科老师能付多少呢？我一个月只给研究生 50 块钱，象征性地买一本书，另外再提供一些便利。你不能给研究生付必需的酬劳，却让研究生帮忙做课题，你这不是剥削又是什么呢？

所以，在这样的"老板"手下，研究生真的成了一个"雇工"。老板和雇工这两个称呼，应当说比较贴切地比喻着或者说隐喻着把研究生当作工具的那些导师和研究生之间的关系的性质。这个性质是什么？"劳资关系"！其实就是劳资关系。

这些导师把研究生招收进来仿佛就是为让他们为自己课题打工的，至于研究生的成长和发展，那是次要的，甚至基本上不考虑。现在不少导师都有课题，有国家课题或者教育部重点课题，他们在招生的时候真的是这样考虑的。我这里可以说给研究生讲了一个秘密，有些导师就是这样的，就是为了瞄准课题的需要，在面试的时候就问考生具备哪一方面的基础，看看能不

人与人的关系	
价值承认 ●	尊重
公民 ●	平等

能帮助自己搞课题。

其实,刚开始时我对于研究生在背后把导师称为老板的做法是很反感的,觉得时代真的是变了,研究生也不那么淳朴了,少了一点应当有的淳朴。但现在感到,研究生在背后这样称他的导师是有他的道理的,实际上是我们这些导师应该好好地反省自己。

坦率地讲,起初我也是这样认为的:我的国家课题、国家青年课题需要研究啊,我缺人手啊!那就由研究生和我组成课题组,让研究生来帮忙。当然,我当时有两个目的:一个是让研究生跟我一块来做课题,另一个目的是我也希望课题研究过程成为培养研究生的过程。我相信现在许多导师可能也不仅仅是从要剥削、要雇佣人的角度来让研究生参加到自己的课题里面去的,他们可能也有一个很合理的考虑,就是让课题研究过程成为研究生成长的过程,让研究生在参与课题的过程中来学会怎么做研究。

但现在的问题是,总的来说,研究生参与导师的课题研究还是得到的少于失去的。因此,后来除非研究生真的对我的课题有着浓厚的兴趣,否则我绝不拉他们来参加我的课题研究,因为强扭的瓜不甜。如果研究生对导师的课题不感兴趣,那么,他参加你的课题也只是敷衍了事,因为他所从事的研究对他来讲只是一种异己的劳动,他不会有太多的投入。他可能会按照导师的命令完成课题成果,提交课题结题所需要的一两篇论文,但质量根本得不到保证。而且,如果研究生对导师的课题不感兴趣,却还是兢兢业业、认认真真地参加课题研究,那就更糟糕。因为,他把全部的时间和精力都投入到导师的课题当中去了,他已经没有更多的时间来从事自己感兴趣的研究了,他已经没有办法根据自己的学术兴趣去读书、去思考、去研究、去撰写论文,从而为自己今后的学术发展打下一个可以立足的地盘。

我前面也讲到,每个研究生都应当有一个属于他自己的小小的学术天地,哪怕这个天地很小。而这不能只是研究生自己努力的结果,应当同时也是导师帮助的结果,导师应当帮助研究生创立属于他们自己的一个学术小天地。我觉得导师的首要职责就在于创造条件,让研究生形成自己的学术兴趣。我很高兴,这次参加论文答辩,发现不管论文质量怎样,选题都是研究生根据自己的需要来确定的。我也可以想象,陕西师大的老师在让学生根据自己的兴趣选题的过程当中付出了艰辛努力。

让研究生形成自己的学术兴趣,让研究生在他自己的学术天地里面自由驰骋,让他最终拥有自己的学术家园!我说研究生一般有两个家园:一个是学术家园,一个是精神家园。一个是技术的,一个是心灵的。当然尽管这两者之间是相通的。一个成功的导师最值得骄傲的,就是能够通过自己的帮助,使研究生毕业时在他所专攻的那个方面,成为导师的导师!

大家也许会觉得这有点天方夜谭,但我一直是这么认为的。可能比较难做到,但我一直是这么努力的。所以,这么多年来,尽管有许多不愉快的事情,但也有很愉快的事情,那就是不少研究生毕业的时候真的有了他们自己的天地,最终都能有所发现,大部分人或者是开拓了自己的一块领域——不管这个领域有多小,有的可能就是一个学科领域,有的可能是一个学科领域中的一个小的分支领域,还有的可能就是一个小小的方向。总之,他们有了一块属于自己的地盘,他们在这个地盘里的研究在国内是处于前列的。或者是推进了一个已有领域的研究,因为你不可能总是在开拓一个新的领域,尽管别人在某一个领域里面已经有了许多研究成果,但你又把它稍稍向前推进了一步,提出了属于"你"的一个小小的观点,或者用另外一种方法去逼近了。我觉得,这都是一种创造!

可以举一些例子。我记得在去年曾经举过这个例子,这里我想从研究生与导师的关系上加以说明。比方说我的第一位博士生刘云杉,她的学位论文是《我是一个受教育者——个人在制度化的学校中》(1999)。我曾说过,这篇学位论文的出彩之处就是把学生在学校这样一个制度化的结构里的状态淋漓尽致地表现了出来,从理论上进行了剖析。但在起初刘云杉所做的并不是这个研究,一开始我是拉她来参加我的课题的,课题名称是"课堂教学的社会学研究"。那个课题主要是用定量的方式来进行的,研究人员深入到课堂里,用预先制成的记录表对师生的课堂行为做记录,最后进行统计。但刘云杉对此完全不感兴趣,她对文学很感兴趣,对人的生存状态感兴趣,对于人的心灵的透视、剖析比较擅长。这样,质的研究方法就对她很合适。于是我就基本上放弃了对她参加课题的过多要求。当然,作为课题组成员,她也参与了课题研究,但是随她去了,她的主要精力是到一所中学去,对中学里所发生的事情,尤其是以学生的生存境况为核心,进行调查研究、访谈,与学生和老师一起活动、生活,最后完成了学位论文。这篇学位论文在教育社会学领域里还是有比较大的影响的。我在去年发表的一篇文章《我国教育社会学的三十年发展》(《华东师范大学学报》(教育科学版)2009年第2期)中曾经提到陈向明老师,在座的老师、同学们应该都知道陈向明在教育研究中所倡导的"质的研究方法",她的一篇论文《王小刚为什么不上学了——一位辍学生的个案调查》可以说多少是质的研究方法的一种运用。而刘云杉的这篇学位论文则是较早地把多种不同的质的研究方法加以综合运用。如果我当初就把她当做一个打工的,她应该也会成为一个不错的打工者,始终为我的课题服务。但那样的话,她就不可能取得今天的成就。

再比方说,张义兵,这是我的第三位博士生。他刚考进来的时候,社会学基础比较薄弱。我从各方面考虑,让他研究教育的功能。但在这之后,他写的几篇相关文章都不怎么样。后来我发现他的兴趣在教育技术,对正在兴起的网络感兴趣。因此,我就完全尊重他的兴趣,让他据此确定博士学位论文的选题,并相信他的学位论文《逃出束缚——"赛博教育"的社会学解读》能够成为我国教育社会学领域对信息社会中的教育进行专门的比较深入的社会学分析的第一篇。果然,后来真的成了第一篇。他的这篇论文用一个"逃"字揭示了青少年一代在网络社会中的生存状况,逃出学校教育的牢笼,逃出制度化结构的牢笼。当时我也没有让他参加我的课题,其实那时我的课题研究非常缺人。

再接下来一位也是一样,比方说马维娜,我的第四位博士生。她的博士学位论文写的是学校场域的社会学研究,这篇论文应当说质量也不错。本来我也是要把她拉到课题里面来的,因为她是搞课题研究的高手,她在地方教育科学研究所工作,如果把课题研究的任务交给她,我基本上可以不管了。但我发现她对场域问题的社会学分析有浓厚兴趣,因此我觉得宁愿牺牲我的课题进程,也得让她在场域教育社会学方面开拓一片天地。结果,在国内运用场域理论进行教育社会学研究的最初十篇论文当中有六七篇都是她写的,她也打出了自己的天地。

这些研究生的研究领域与研究方式大多都和我不是一个套路,但都能在他们所从事的领域得到认可。这里就不一一举例了。对这些研究生,我本来都可以让他们加入我的课题组的,而且只要他们加入课题组,我的课题研究进程就会大大加速。但结果,我的两个课题的结题都延期了。不过,我觉得还是比较值得的。每个研究生通过对自己有浓厚兴趣的问题的研究,在这样的研究过程当中,他们自己也成长了,学会了怎样做研究,拿出了像样的成果,在各自的领域中打出了一片属于自己的天地,并且这种天地得到了学术界的一种认可。所以,我觉得从这个意义上来讲,这些研究生没有参加我的课题研究,没有为我打工,他们是为自己打工。最后到毕业的时候,他们就凭着自己的毕业论文,成了我的导师。有一年,东北师大的王逢贤老师到我们学校来答辩,好像就是刘云杉的博士学位论文答辩,他说:"康宁啊,刘云杉超过你了!"我听了非常高兴,因为对于一个导师来讲,没有比听到这种赞扬更高兴的事情了。如果他说:"康宁啊,你这个课题搞得不错!获得了什么奖?"那算个屁啊!因为研究生在那个课题里面什么都不是,他只是在我的学术阴影笼罩之下,他有什么呢?他什么也没有!这种事情肯定是导师不能干的。

我注意到,在刚才讲的过程当中,同学们的脸上都比较阳光灿烂,(笑声)而导师们的表情都比较阴沉。(笑声)不要着急,我现在就要讲到研究生,来看看我们的研究生是怎么把导师当成工具的。

这个问题,既简单又复杂,因为我们不少研究生确实是把导师当成工具的。讲这个问题的时候,我的眼睛就不一定要看你们了。(笑声)他们在报考研究生的时候和导师联系,电子邮件里面是一个劲地说导师的好话,把导师吹上天。他考研的目的明明就是为了提高学历,弄个文凭——这当然并没有什么不对,甚至在今天的社会里绝对是合理的——可是他偏要对导师说他是对导师的专业产生了浓厚的兴趣,立志攻博。(笑声)报考我的一些考生过去就是这样的。明明导师在学术上并没有多大的建树,他偏要说导师的英名如雷贯耳。(笑声)这些研究生考进来之后,在学期间也是千方百计地讨好导师,对导师有求必应,甚至主动地去做一些自认为是迎合导师需要的事情。逢年过节或者放假的时候,会找机会给老师送礼品——陕西师大肯定不是这样的。(笑声)——最后,在学位论文的后记里,也抓住最后的机会,变着法子吹捧老师。明明导师才疏学浅,非要说导师学识渊博;明明导师追名逐利,非要说导师淡泊名利;明明导师小肚鸡肠,非要说导师宽宏大量。要多肉麻有多肉麻!(笑声)有些研究生的学位论文后记中那些赞誉的话让你感觉就像是悼词一样。(笑声)

所以,大概从指导的第三届研究生开始,我就规定研究生的学位论文不准写后记。这使研究生感到为难,他说我得对研究过程作个交代啊。我说你要交代就放到前面去交代,你的整个研究过程怎么艰辛啊,你的一部血泪史啊等等。(笑声)跟上午答辩的那位研究生说的"血泪史"没有关系啊,只是一种同样的说法。(笑声)他说我真的想感谢,而且感谢的不止你一个人。是的,每个研究生在后记里面都会把地球感动一大片!(笑声)我说你有感谢的话,你放到其他场合去讲,你也可以放在心里,你不一定要说出来。而且在你给我论文的一刹那,我就知道你实际上想不想感谢,不管你在后记里是怎么写的。

后来,大概受我的影响,南京师大教科院教育学原理专业的博士生以及教育学科其他一些专业的博士生的学位论文就都没有后记了,因为他们不好意思再写了。而且,还有一点很重要的是,后记往往总是比正文写得好。这可不是我们追求的,我们想要的是一篇像样的学位论文,而不是要一段情感色彩很丰富的后记。对不对?首先要的不是这些东西。所以,不准写后记。你在心里有感谢的话想说,那你用实际行动去做好了!事实上,一些研究生虽然后记写得非常好,但毕业之后,和导师"分手"以后,第一年、第二年还有联系,后面就完全没有联系了。导师有什么事情想找他也找不到了,导师想到他工作的那个地方搞个调查,想找他帮个忙,但连他的手机号码都没有。这算什么!就是这些吹捧导师、频频给导师送礼的研究生,他们所乞求的并不是导师对自己的成长与发展予以真正的指导,而是希望导师在招生录取、发表论文、参加各种评选还有论文答辩等等方面给予关照。我觉得研究生如果在这些方面用的心思太多的话,不会有太大的出息!

所以,大概从六七年前开始,一直到现在,在和每个研究生第一次见面时,我都要宣布"四不"主义。

第一,在你们读研期间,我不接受你们送给我的任何物质的东西。也就是说,在研究生读研期间,我和研究生之间在物质上零交往。随你从什么地方,随你用什么理由,探亲回来也好,顺便捎来也罢,都不行,哪怕一片茶叶也不行。可能有人会觉得我这样做是不是有点不近人情。不是的。导师凭什么收研究生的东西?你今天稀里糊涂地收了研究生的东西,明天研究生请你高抬贵手,给他一篇作业打九十分,你干不干?当然我们在座的可能不会。他请你帮忙把他一篇质量并不怎么样的稿件弄到一个期刊发表,你干不干?吃人家嘴软,收人家手短,我相信这是我们人性的弱点反反复复证明了的一种东西,一条铁的定律!当然,你可以说东西我照收,事情我不干。那你就非常无耻了!(笑声)吃人家的,拿人家的,还不帮人家做事?!(笑声)这样的导师也比较少。你吃人家的,拿人家的,最后不帮人家做事,这就等于变相地敲诈了。是不是?我们一些导师也这样说,他说研究生送我东西,我也送他们不就行了吗?礼尚往来嘛。那也不对。我一个导师,三五个、十几个研究生送我东西,他送得起,我回不起啊!(笑声)当然,这是开玩笑。所以,我对研究生宣布,不管出于什么理由,不管是什么形式,物质上零交往。

第二,我不帮你们发表论文。你们凭自己的真本事让编辑觉得如果不用你的稿子,他的良知就会受到谴责,你就凭你的本事去投稿。当然,也有例外,就是研究生的论文写得确实不错,但编辑就是不用。为什么呢?因为有些期刊,一看是研究生的文章,担心影响刊物的声誉,加上编辑对文章的题目也不感兴趣,于是立马就摔到一边去了。在这种情况下,我有时也会强力推荐,但首先是你得写出像样的文章来。有的时候导师会和研究生联合署名,导师署第一,研究生署第二,或者研究生署第一,导师署第二。这可以说是没有办法的办法,但这种方式要慎用。因为,我知道有不少研究生,导师通过这种方式帮他发表论文了,但他背后却到处讲这篇论文是他自己写的,导师只是挂个名而已。导师听了很心酸。也有的导师,他在文章上挂了名,署第二,研究生排名第一，但后来导师在评职称的时候把论文拿出来，说这篇论文其实是我自己写的，我是为了帮助研究生发表论文才署名第二的。这样，研究生和导师都在把对方当工具。因此，除非是研究生和导师真的在合作搞课题研究，除非是期刊杂志明确说不联合署名就不让发表，一般情况下，我是不主张导师和研究生联合署名发表文章的。这对研究生没有好处！如果说一篇论文主要是导师写的，研究生也有贡献，那倒是可以联合署名的，而且导师也应当与研究生联合署名，至少导师在文章里要说到研究生的贡献。假如一篇论文主要是研究生写的，那么即便是在导师指导下写的，导师也不必署名，因为指导研究生写论文本来就是导师的一项职责。我比较欣慰的就是，尽管我对自己的研究生宣布不帮助他们发表论文，但他们都比较争气，没有一个人主动要我帮他发表论文。在这种情况下，如果研究生的论文质量真的不错，却不能被刊用，我也会挺身而出，向编辑强烈推荐。

第三，我不帮你们通过学位论文答辩。你们凭自己的水平让答辩委员觉得你的学位论文与答辩没有任何使他们感到勉为其难的地方。坦率地说，有的时候我对研究生的学位论文确实也很不满意。但是，限于研究生的能力和条件，比方说，做实证研究，他就三年时间，又要读书，又要上课，他哪有那么多的时间与精力长时间深入到一个村子里、一个工厂里、一个社区里去做参与式的或者全盘投入式的观察、调查呢？他怎么可能跟那么多对象进行深度访谈呢？深度访谈是什么意思？首先他要交朋友，只有与被访谈者成为朋友，被访谈者才会跟访谈者说心里话，访谈才会真的起作用。可是研究生哪有那么多时间与被访谈者交朋友？而且，交朋友有时还需要钱，即使是小恩小惠，但研究生怎么可能负担得起？所以，限于这些条件、限于研究生的时间和精力，他的学位论文可能怎么修改都达不到要求。如果从严格要求的角度来讲，你就不能让他参加答辩。可是，现在的研究生生活得也很不容易啊，他要找工作，已经老大不小的了，找工作没有学位怎么办？不毕业怎么办？如果再拖个两年他肯定结不了婚。因此，导师有时真的很为难，我们也很不容易。研究生都已经老大不小了，如果有父母经济上的支持，还好一点，如果父母不但不能支持他，而且还要靠他养活，对于这样的研究生怎么要求？所以，在这种情况下，作为导师来讲，很难做到达不到学位论文的要求就不让他答辩，很难完全地彻底地做到，有的时候会同意他答辩。但我会对他说明一点，同意归同意，最后能不能通过答辩则是另一回事。我不会跟答辩委员打任何招呼！一开始我就跟他宣布，我会对他说，你的论文我是不满意的，按我的要求来衡量，论文是不能通过的。但是你要找工作，你要尽快自立，你要养家糊口，所以我不会不让你答辩。但论文能否通过，一切由答辩委员说了算。如果不这样宣布的话，任何研究生都会找出各种各样的理由来，以一篇质量不高的论文参加答辩，那算什么！尤其是现在论文抽检制度更严了。在座的同学可能不是很了解，我们现在正在进行的所谓学位点申报，里面有一项就是你这个学科已经培养出来的博士生、硕士生的学位论文的质量。怎么样来衡量质量呢，有许多标准，其中之一就是在抽检的论文中有多少不合格，不合格率是多少。如果在学位论文抽检中不合格的学位论文达到一定比例，学位点就有可能被警告、暂停招生甚至撤销。如果学位论文的质量实在很差，而且存在着违反学术道德的行为，那么，已被授予的学位也可以被取消。所以，估计接下来每个学校都会加强对研究生学位论文质量的监控。所以，我在与研究生第一次见面时，就宣布我不帮助他们通过学位论文答辩。这对研究生只有好处，没有坏处。这样宣布之后，研究生都会努力的。

第四，我不帮你们找工作。也许这一点大家觉得是最不近人情的了。我对研究生说，我不帮你们找工作，你们凭自己的实力去竞争。在南京师大教科院发现有这样一种现象，我想绝大部分用人单位都会有这样的情况，比方说我要招聘两个人，收到了二十份应聘材料，其中有十份是打过招呼的，这招呼打得还很厉害，省里有关部门打的招呼，教育部有关领导打的招呼。这用不着瞒在座的各位研究生，我相信你们当中可能就有打招呼的。但是在看材料的过程中，我有时会突然眼前一亮，大家都眼前一亮，发现有一份应聘材料绝对是出类拔萃的，或者是比较优秀的。大家都倾向于聘用这个比较优秀的应聘者。在高校尤其是专业的教学研究单位，一般是不会昧着良心把比较优秀的应聘者干掉，而去录用虽然打了招呼但却并不优秀的应聘者。这是毋庸置疑的。大家都希望聘用有用的人，不希望聘用一个无用的人，不希望聘用一个来了以后会招惹麻烦的人。所以,这就要求我们研究生自己必须争取优秀,你凭你的实力让招聘单位觉得非得用你不可。我对研究生宣布说我不帮你找工作,那么,他就得自己去搜索招聘信息,自己去联系用人单位,自己去与人家沟通,自己去想方设法展示自己。在这些过程中,我都是躲在后面的,我不会冲在前面。当然,到最后你可能还要去帮他,因为你怎么忍心一个博士生哪怕是一个硕士生几年下来,最终加入到失业大军中去呢?你也不忍心。但我的一个前提,就是要研究生别指望导师把一切都包下来,别一切都赖在导师身上,这是不可以的,首先是要自己努力。尽管现在社会风气不好,但我坚信一点,一个单位对于真正优秀的人才是求贤若渴的。所以,我在研究生入学的时候宣布不帮他们找工作,目的就是希望学生通过自己的努力达到优秀,尽可能凭借自己的力量为自己创造未来。如果说他真的是一切努力都做了,我再不出手他就真的可能要失业了,这时候我可能会尽力去帮他。但如果我在研究生入学时不做这样宣布的话,他们就真的会越来越依赖你,结果到最后,你再怎么帮他,他可能都不能成功,因为他不优秀。

这是第一点,讲得有点多了。

脑对脑的关系

第二,我觉得研究生与导师的关系应当是一种"脑对脑"的关系。

这里说的"脑",是指思想。研究生、研究生,应当是研究型的学生,研究生在攻读学位期间应当是以研究为主。而且,三年、四年或者五年攻读的一个结果,必须要有研究成果。否则,怎么能叫研究生呢?我们都知道基础教育课程改革,基础教育课程改革就倡导研究性学习。现在连基础教育阶段中都强调学生的学习要带有研究性,大学本科的学习也开始更多地强调要有研究成分。所以,研究生以研究为主,这是不用说的。

研究生首先应该有研究的意识。这马上让我想到一个词"读研究生"。现在许多人经常讲"读研究生""读博士后",这些都是错误的说法。准确地讲,是"做研究生",因为你在攻读学位期间的读书目的是为了研究。你读了五十本书,读了一百本书,甚至两百本书都读下来了,什么思考都没有,什么成果都没有,这根本不是研究生。当然,从广义上来讲,研究生也是学生。但是,在研究生之前的阶段,小学生、中学生、大学本科生等等,基本上都是读书的学生。而研究生就不一样了,研究生是研究的学生。如果要区分,区别就在这里。尽管研究生也必须读书,但他是在读书之后还要研究的学生。对研究生来讲,读书和研究两者缺一不可,但读书是为了研究。我这里强调的是研究,我没有强调读书。

那么,研究是什么?我认为,研究是指"三探":第一个是探索未知,第二个是探究奥秘,第三个是探寻真理。而对于人文社会科学的研究生来讲,最重要的是探寻真理。

这就有一个前提,就是"怀疑现存",确实要怀疑现存的一切!大家千万不要从一种斗争的角度来看"怀疑"这个词。所谓怀疑,它是要多问一个为什么,对事物的一些表面现象问为什么,对制度问为什么,对文化问为什么。举个最简单的例子来说,现在中国共产党中央政治局委员有二十几个,这二十几个政治局委员中只有一个女的,其余都是男的,这是一个事实。那就可以问:为什么只有一个女的?这就是怀疑。我现在一眼看去,陕西师大教科院的研究生绝大多数都是长头发的。为什么会是这样?对所有现象都可以追问。

既然对所有现象都可以追问,那也就有了禁忌。这个禁忌就是崇拜权威。研究生和导师都要探寻真理,因此,都要怀疑现存,都不能崇拜权威。不过,就研究生和导师这一对关系来讲看,特别需要强调的是研究生对于导师的怀疑、对于导师的质疑。就这一点来讲,在上午的论文答辩中,有一位研究生的学位论文虽然写得不错,但对于他的感言我真是不敢苟同,他说"您永远是我的导师"。这不是开玩笑吗?我这个人非常尊敬值得我尊敬的老师,但同时我也想方设法要在某些方面成为我的老师的老师。我发现,不客气地说这边的研究生在这方面的意识少了一点。你也没有必要动不动用老师的话作为自己论证的依据。你觉得导师为人非常正直,学问做得也不错,你一直尊敬他,你尊重他,这都是可以理解的。但你也应当超过他,应当把他抛到后面

> **脑对脑的关系**
> 真理探寻 ● 思想怀疑
> 对手 ● 自由

去,而且你把他抛到后面去,你超过他,你就是导师的骄傲!为什么没有这个意识?为什么要崇拜老师呢?没有必要。我只是会喜欢一个老师,我从来不会去崇拜任何一个老师,崇拜就意味着贬低你自己。

不过,这里讲的怀疑,不是说不相信导师。如果这样,那就跟导师没法相处了。我指的是一种思想的怀疑,要探寻真理,就要对思想进行怀疑。指的就是要去除研究生对于导师的学术崇拜,或者说学术跟随。

当然,现在的研究生应该是以 80 后为主了吧,80 后研究生的一个重要特点就是不盲从。总体上来说,是不盲从、不轻信。但是,由于研究生和导师之间在制度上存在着指导与被指导的角色关系,甚至存在着导师若不同意研究生答辩,研究生就不能进入答辩这样一种工作关系,而这样一种角色关系、工作关系很容易被研究生和导师固化到两者之间的学术互动当中去,结果呢,慢慢地,久而久之,我们的研究生就很少会去怀疑导师、质疑导师。即使他在心里面会去怀疑、会去质疑,但却始终不会外化为行为。

我觉得这是需要我们提醒的。我们每一个人都有自己的大脑,这个大脑是用来思考问题的,是用来怀疑的,是用来反思的,是用来建构的,而不是用来盲信、用来模仿、用来崇拜的!研究生确实应当有一种清醒的意识,就是我现在已经不是本科生了,已经不是一个以读书为主的学生了,我是一个研究的学生了。我即便要花大量的时间去读书,但读书的目的是为了研究。研究是什么?研究是为了探寻真理,探寻真理的前提是要怀疑。要打破崇拜权威的禁忌,没有任何人值得你崇拜,没有任何人你应当去崇拜,尽管你可以尊敬他。

所以,研究生就是一个研究者,虽然他是一个研究的学生。导师是什么?那就是研究生的指导老师。但大家都是研究者啊,只不过研究生这个研究者比较稚嫩一点,导师这个研究者比较成熟一点。但这都没有关系,大家都是研究者,都是真理的探寻者,都是思想者。其实不光是研究生,就是普通的人,没有研究生经历的人,他也可以是一个真理探寻者、一个思想者啊!任何人都可以成为思想者,当他认认真真地想问题、思考问题的时候,他就是思想者,就是研究者。所以,我有一篇论文,题目是《关于"思想"的若干问题》,有兴趣的话我们可以一块来探讨。

因此，研究生对于已有的学术研究，包括对导师的学术研究，都可以持有一种怀疑的态度，带着一种挑剔的目光。我感到有点郁闷，觉得可能陕西师大这边的研究生本来应当作出更多的成果来，但是我隐隐约约有个感觉，就是你们对导师挑剔的目光比较少。这一点在答辩中可以看得出来。我相信在平常的学习过程中，你们的挑剔的行为是很少发生的。我觉得你们这边的研究生在素质上有很多是超过南京的、超过上海的，但是从提交的成果来看，不应该是现在这样，应该比现在有更高的质量！如果你们解放思想，如果你们有探寻真理的决心，如果你们真的打破了"崇拜权威"这个禁忌的话，我相信能拿出更好、更多的成果来！

这样来看，研究生与导师的关系就应当是一种真理探寻者和真理探寻者之间的关系，尽管导师可以对研究生进行指导，研究生也可以对导师进行质疑。这是思想者对思想者的关系。探寻真理、生产思想，靠的是我们的大脑，所以我说是"脑对脑"的关系。

当然，这就要有两个前提。第一个前提是研究生的胆量，研究生应当有胆量在认真探索的基础上对导师的研究说"不"！至于胆量从何而来，我觉得说到底是出于你对于真理的一种虔诚和敬畏，也就是亚里士多德所说的："吾爱吾师，吾更爱真理！"只要你真的想探寻真理，你就不会甘心只是成为你导师的思想的卫道士，不会甘心只是成为你导师的学术的盲从者，不会总是唯你导师的马首是瞻！

而且，仅仅有研究生的胆量还不行，还得有另一个前提，那就是导师的肚量。一个有出息的导师应当是以学生超过自己为荣。其实刚才也谈到，导师的最有意义的工作就在于帮助学生超过导师。还有，这也是一个悖论，学生超过导师，学生立志要超过导师，导师要创造条件帮助学生超过自己。其实，导师在帮助学生超过自己的过程中，导师自己也会得到提高。

我们南京师大的鲁洁老师，大家都知道是一位非常德高望重的道德教育研究专家。她有一篇文章就谈到，人家问她最近在干什么？她说我在跟研究生读书，就是跟着研究生读书，因为研究生读的书多半是她以前还没有读过的，研究生现在感兴趣的研究多半是她过去没有从事过的。她觉得，在研究生对自己感兴趣的问题进行研究的过程中,导师不能一言不发,导师不能因为自己没有研究过,现在就不去接触它。所以研究生读什么书,导师虽然不能完全跟他们同步读,但主要的书得看,因为导师得提出问题来。只有提出问题来,促使研究生思考了,研究生才有可能进步,才有可能超过导师。所以,这应当成为一个理念。

我自己也有这样的体会,就是许多书我本来是不可能去读的,我哪有那么多的时间和精力呢?但是,你要指导研究生,而研究生正在进行一项你没有进行过的研究,在读一些你没有读过的书,那么,你就不得不去读一些他们正在读的书,不得不去想一些他们正在思考的问题。这样一来你自己不也就提高了吗?所以,在这个意义上,一个真正负责任的导师经常是被研究生推着走的!我到这边来答辩也是,就是被陕西师大的研究生推着走的!当然,你们的学位论文涉及的书我是没读。

所以,在这个意义上,我们真的可以说研究生就是导师的导师。至少导师应当认识到这一点,导师要是没有肚量,研究生怎么可能成为导师的导师呢?导师怎么可能与研究生共同成长呢?这是从成长的意义上来讲的。其实,即便从功利的角度来说,也是这样的。研究生取得超过导师的学术成就,等于是往导师脸上贴金。不是这样吗?一个研究生,如果他开辟了课堂教学的社会学研究,人家问他是谁呀?他是吴康宁的学生,那不等于往我脸上贴金吗。(笑声)这何乐而不为呢?因此,导师如果肚量小,不愿意看到研究生超过自己,这不只是个职业道德问题,也是个智商问题。(笑声)放着因为研究生取得超过导师的学术成果,从而等于变相往导师脸上贴金的机会不用,你不是傻瓜,你是什么!(笑声)

所以,一个聪明的导师,他一定会不断地鼓励,不断地想方设法,使研究生对导师的研究提出质疑、发起挑战!并且在回应研究生的质疑和挑战的过程当中,也不断地对研究生提出质疑、发出挑战。也就是说,一个聪明的导师应当不断地使研究生成为自己的对手。

怎么使研究生成为自己的对手?我觉得一个比较有效的途径,就是导师参加研究生的学术沙龙。沙龙的一个基本要求就是沙龙不是上课,不是答辩。

答辩多少有点"受审"的味道,上课基本上是按照导师的计划来进行。沙龙的一个基本要求就是学术上完全自由,没有任何学术禁区。只要不违反法律、不违反道德,什么都可以讨论,说什么都行。在沙龙的时间和空间里面,出什么事我顶着。所以在沙龙里面,没有什么导师与研究生的角色区分,没有什么博士生与硕士生的层次区别,也没有什么老生与新生的资历差别,所有人都一样的畅所欲言,一样的面红耳赤。这样一种沙龙过程是所有沙龙成员的一种思想碰撞的过程、观点论辩的过程、水平较量的过程。所有的沙龙成员之间,包括研究生和导师之间的关系都是一种"对手"的关系。对手关系的关键在于什么?在于自由。对手的存在是我们自身成长的一种强大的推动力。

所以,我觉得,自己在很大程度上就是被作为我的对手的研究生们牵引着、推动着向前走。他们在自己的学位论文开题、写作还有学术沙龙当中,其实是向我提出了一系列问题,尽管这些问题常常并不是以问题的方式出现的。研究生们为沙龙发言所准备的任何一个哪怕是简单的文本,我觉得都是向我提出的一个或一组具有挑战的问题,我不能置之不理、不能避重就轻。讲一句最实在的话,我必须让我的研究生看得起我!所以,我也去看他们正在看的书,思考一些他们正在思考的问题。当然,这对自己也是一种折磨,因为毕竟没有那么多时间,年龄也大了。但这样一来,我也就进步了。

反过来,我对研究生讲——说到底我们都别多谈那些大道理了,什么国家啦、民族啦等等,尽管我也会说国家、说民族,下面我还要说到——我说最起码你要让我看得起你,导师得让研究生看得起自己,研究生也得让导师看得起自己。其实,没有哪个研究生会瞧得起一个小肚鸡肠的导师,也没有哪个导师会真正瞧得起对自己唯唯诺诺的研究生,不管是谁。这是第二点。

肩并肩的关系

第三,我觉得研究生与导师的关系应当是一种"肩并肩"的关系。

这里我都在拿我们的身体来说事。肩并肩是什么意思?并肩战斗!既然是并肩战斗,那我们就可以用一个词:战友。

研究生与导师应当是怎样的关系

大家可能会讲，你这话就说大了，研究生和导师怎么可能是战友呢？导师怎么可能把我们研究生当作战友呢？想也别想！我们怎么可能奢望成为郝老师、张老师、李老师的战友呢？不管这些老师怎么好，也不可能！

我说，在当今中国社会与教育的境况之中，教育学科的研究生与导师就必须成为战友。为什么？就是因为我们对于认识与改造当下的中国与社会确实有着一份推脱不掉的责任。你们想想，我们现在的教育是一种什么样的状况？当然，义务教育是普及了。可是，这是一种什么质量的义务教育？老少边穷地区与沿海发达地区之间的义务教育条件差距、贫富差距，说实话，比解放前地主与贫农之间的差距还要大。素质教育年年喊、月月喊、天天喊，可中小学生的书包依然那么沉重，体质健康每况愈下，早就落在了日本人后面。高等教育大众化了，但这是一种什么质量的高等教育？每年都有上百万的大学本科毕业生不能顺利就业，现在很多硕士生也不能顺利就业，尽管这里也有研究生自身的选择问题。家长省吃俭用让孩子上大学，可孩子上了大学，毕业就意味着失业，这样的高等教育难道就是让人民满意的高等教育？我们的教育为什么会成这样？到底为什么？都说中国人聪明，但聪明的中国人几十年来一直都实施着愚蠢的教育，这种愚蠢的教育如何能负责任地承诺中华民族的未来！

尽管我刚才讲了，你要让我看得起你，我要让你看得起我，这是我对人际交往的一种最简单的要求，但这并不意味着我们对于中华民族就没有一种使命感。所以，我觉得我们教育学科的研究生和导师确实都有责任去追问，有责任通过脚踏实地的研究找到问题产生的真正的症结，找到解决问题的真正有效的办法！所以说，我们现在从事的每一项研究，不管你是纯学术的研究，还是应用研究，都应当成为认识与改造当下中国与社会的一个有机组成部分。当然，也应当成为你个人成长的一部分。这两者我认为始终是需要统一的。

话还要回过头来说。我觉得虽然我们每个人都有私心，都有一些个人利益的盘算，以及对家庭生活的考虑，但这丝毫不能成为我们推脱认识与改造中国教育与社会这样一种历史责任的借口。不管是导师还是研究生，都应当有一种使命感。也就是说，导师应当为了中华民族的真正崛起而指

> **肩并肩的关系**
> 使命担当 ● 行动协调
> 战友 ● 神圣

导研究生,尽管导师指导研究生的目的同时也是为了养家糊口,或者说过更好的生活;研究生应当为了中华民族的真正崛起而读书和研究,尽管研究生读研的目的可能同时也是为了提高个人的地位,改善家庭的状况。我始终没有偏废任何一个方面。要不然,我们这个民族、我们这个社会就真的没有美好的未来。

这也就是我在谈究竟什么样的问题是"真"的研究问题时始终强调的两点,一个是基于个人兴趣,还有一个是基于社会需要。这两者绝不可以偏废。所以,研究生与导师有着一种共同的使命担当,有了这样的共同的使命担当,研究生和导师之间就会有行动的协调。有了这样的行动协调,研究生和导师就会成为同一个战壕里的战友。

今天的社会尽管是一个极为世俗化的社会,但是,我们真的不可以拒绝神圣,不可以完全摒弃神圣、抛弃神圣。尤其是对于教育学科的研究生和导师来说,如果完全地拒绝神圣、抛弃神圣,那就意味着作为教育学科的研究生和导师的我们自身也就成了无源之水、无本之木。为什么?没有别的原因,就因为教育本来就应当带有理想的成分,带有神圣的色彩。如果研究生和导师之间有了这样一种肩并肩的、战友式的神圣关系的话,那么,我们在研究过程中,至少在谋求个人利益的同时,还能想到解释与改造中国教育现实这样一种共同的责任,就会相互勉励、相互促进。这是我要讲的第三点。

心连心的关系

第四,研究生与导师的关系还应当是一种"心连心"的关系。

心是指心灵,是包含着喜、怒、哀、乐的精神世界。心连心的关系意味着,研究生和导师之间应当有一种心灵的呼应。心灵呼应的前提在于情感的交流,这首先是对导师提出了要求。这就回到了前面讲的第一个问题,就是人与人的关系问题。研究生导师既然也是教师,所以他不光要教书,也要育人。所谓育人,就是育新人、养育新人,促进新人的精神世界的成长。

怎么养育?怎么来促进?一个基本的环节,就是和研究生进行情感上的交流。我这些年一直有一个观点,就是导师不能只是盯着研究生的论文开题、论文写作、论文答辩等等,还要了解研究生的兴趣,了解他们除了学习之外的兴趣、爱好,了解他们的家庭状况、个人大事以及迄今为止的生活史。要尽可能知道研究生的心灵深处,尽可能熟悉他们的精神世界。我觉得一个真正爱学生的导师应该能让研究生对他敞开自己的精神世界,有什么问题愿意向导师反映,有什么苦恼愿意向导师倾诉,有什么困难愿意向导师求助,把导师作为知己,除了那些他不愿意说或不可以说的个人隐私,那是例外。当然,如果导师想方设法打探研究生的个人隐私,那是很可恶的,(笑声)那是有失职业道德的。

大家知道,访谈节目的一个著名主持人鲁豫——尽管她很著名,但在很多人眼里不讨喜——她主持的一个谈话节目就叫《说出你的故事》,她总是能让嘉宾说出一些自己的秘密,然后泪流满面。别人在采访时问她怎么能让嘉宾说出她的故事,采访者问她:"你怎么有这个本事的?"她的回答是这么一句话,她说"让你的嘉宾爱上你!"(笑声)如果鲁豫讲的这个"爱"指的是爱情的话,我觉得她有点缺德,(笑声)你明明不想嫁给人家,却让别人爱上你,(笑声)这是很无聊的。但是我想她不是这样的,我理解她所说的爱是喜爱的爱,热爱的爱。我如果不喜欢你这个主持人,不热爱你,我凭什么要跟你说出心中的秘密?

这在教育心理学中有解释:一个学生因为喜欢老师才喜欢他上的课。因为喜欢语文老师,所以他的语文学习特别投入;因为喜欢数学老师,所以他的数学成绩特别好。这是一个普遍的事实。这个学生的学习成绩不一定是最好的,但他在他那个智商的基础上肯定能做到最好。

所以,能不能这么说,研究生导师也应当有这样一种本事,让他的研究生喜爱他、热爱他。这种喜爱、热爱的情感虽然属于精神的范畴,但是它一旦产生,就会对智慧的范畴、对研究生和导师的学术关系产生一种积极的影响。我们不是经常讲用非智力因素调动智力因素吗?道理就在这里。当然,这肯定不是一件容易的事情,因为它要求导师的人品得到研究生的敬重,做人要厚道吧;学问得让研究生佩服,应当比较深刻吧;个性得让研究生喜欢,应当比较阳

光吧,像我们郝老师这样。(笑声)

  反过来,研究生也一样。我们对研究生不应当有太多苛求,但研究生也应当了解导师的兴趣、爱好以及迄今为止的个人生活史、工作史,应当熟悉导师的精神世界,也应当成为导师谈论问题的对象、诉说苦恼的对象,或者求助的对象,应当让你的导师喜爱你、热爱你。对于小学生、初中生乃至大学本科生来讲,这是不现实的,但是对研究生来说,一点也不为过。否则,研究生导师就会变成一种纯粹的学术人,研究生就是和一个纯粹的学术人交往。那就错了!导师把学术成果讲授给学生的时候,他是以自己的情感、兴趣、爱好,以他对学生的了解,以他的整个精神世界作为依托来进行学术交流的,绝不存在单纯的学术交流!

> **心连心的关系**
> 心灵呼应 ● 情感交流
> 朋友 ● 亲近

  所以,在这个意义上,我们知道中医总是比较有道理的。要了解一个人,就要了解一个人的全部,撇开他的隐私,了解他的全部。这样来理解的话,显然,导师与研究生的关系就应当是一种真正的朋友关系,这种朋友关系的关键词就是"亲近"。研究生的教育与学习不只是专业活动、技术活动,还包括了日常生活、精神生活,我始终是这样认为的。

  研究生和导师如果成为亲近的朋友,就有可能建构起共同的精神家园,导师和研究生是在共同的精神家园里面进行职业活动、技术活动的。我们不是在租界里面进行的,我们是在自己的土地上进行的,这种"自己的土地"是研究生和导师共同建构的,我们会比较放松,比较快乐。

  把上面讲的四点集中起来就是,第一,研究生和导师之间的关系首先应当是一种"人与人的关系"。双方都应当承认对方的价值,尊重对方的人格,承认对方的存在。这是一种平等的公民关系。第二,研究生与导师应当是一种"脑对脑的关系"。大家都要探寻真理,探寻真理的前提在于怀疑,主要是思想的怀疑,要打破禁忌,不崇拜权威,研究生和导师都应当成为对方的对手。在这个过程中,双方都是自由的。第三,研究生和导师应当是一种"肩并肩的关系"。我们尽管都有个人利益的谋求,都想提高自己的社会地位,都想改善自己的家庭境况,但认识、解释、改造中国教育与社会这样一个使命恐怕是不能完全丢掉的,应当有一种使命的担当！如果真有了这样一种使命,我们的行动会协调。在这个意义上,研究生和导师的关系就是肩并肩的战友关系,这种战友的关系应当是比较神圣的！有人就认为,人与人之间有两种关系是最神圣的:一种是战友关系,战场上的生死之交;还有一种是同学关系,没有多少利害冲突。我们这里强调,尽管导师指导研究生,研究生受导师的指导,一个是教育者,一个是受教育者,一个是指导者,一个是被指导者,但是在这个共同的使命面前,大家都是战友。第四,研究生和导师还应当是一种"心连心的关系"。应当尽可能多地进行情感交流,有一种心灵的呼应,建构起大家共同的精神家园。我们应当在精神家园里进行专业活动、进行学术研究、进行你的开题、进行你的写作、进行你的答辩。在这点上,大家是一种友好的朋友关系。

所以,我觉得,纯粹的师生关系是很难受的,很压抑的。不光学生感到压抑,教师也一样。你想想,教师成天地教啊教啊,指导啊指导啊,学生成天地学啊学啊,被指导啊被指导啊,(笑声)这多机

研究生与导师的关系

人与人	价值承认	人格尊重	平等	公民
脑对脑	真理探寻	思想怀疑	自由	对手
肩并肩	使命担当	行动协调	神圣	战友
心连心	心灵呼应	情感沟通	亲近	朋友

械、多枯燥、多无聊！我们成天谈论师生关系,我活了这么多年,开始悟到师生关系的最大奥秘在于纯粹的师生关系之外,师、生都是角色,这是社会指定给我们的角色。陈鹏老师,你是博士生导师,这是指定给你的角色;王小满,他是博士一年级的学生,他是学生,他不是单纯的青年人,他是学生,学生是教育制度指定给他的一种角色。这样一种纯粹的角色关系、纯粹的师生关系是很难受的。研究生和导师之间除了制度角色所规定的教育者与被教育者、指导者和被指导者这种师生关系之外,还应当是其他的人际关系,包括我今天在这里讲的,我讲的不一定全,人与人的关系、脑对脑的关系、肩并肩的关系、心连心的关系。有了这些关系,我觉得研究生和导师就不光可以做到学术上的教学相长,而且可以在个人的成长与发展过程中,学生自身得到成长和发展,导师自身也得到成长和发展。在这个过程当中,双方是手拉手,携手并进,一道成长！

西安是一个非常厚重的地方,是一个让中华民族总感到有很多历史的本钱的地方。来到西安,你想一想它的辉煌的过去,再想一想埋在地下的或者展示出来的一堆又一堆的文物,然后再想想我们中华民族可能还会有崛起的未来,你就会感到热血沸腾。一热血沸腾,头脑就容易发昏。所以,我刚才有可能有点信口雌黄。(笑声)在这个意义上,如果有什么说错的地方,请大家批评指正!

当然,到这个时候我应该冷静一点了,因为我已经讲结束了,马上要离开西安了。但是还没有离开,所以也还是觉得有点热血沸腾,(笑声)还是有点头脑发昏。头脑发昏,我就得提一个问题,就是请在座的研究生告诉我:你们和导师是一种什么样的关系?(笑声)

当然,这样来问研究生很不公平,所以我还想问一问在座的导师:你和研究生是一种什么样的关系?(笑声)当然,这并不是说我今天谈的这些观点我自己都做到了,我只是讲经验和教训,有许多我都没有做到。就像我一开始说的,我无意中对于学生在邮件中对我使用"希望"这个词还非常恼火。我没有完全做到,但也还是企图努力去做。

我这样问了在座的研究生,问了在座的陕师大老师,也不公平,因为你们可能会说:你怎么不问问你自己啊?你自己和学生之间到底是一种什么样的关系?我的回答只有三个字:不告诉你!(笑声)不对,是四个字。(笑声,掌声)

主持人(陕西师范大学教科院院长郝文武教授):

非常感谢吴老师!吴老师多年来对我们的学科建设、研究生论文答辩、研究生教育还有学术报告,都给予了很大的支持。应该说每次学术报告我们对吴老师还是有要求的。(笑声)他上次给我们讲的是教育研究方法,是我们给他提出的,他满足了我们的需要。这次来做报告的主题也是我们提出的,因为我们知道吴老师肯定能做到。吴老师每次来做学术报告,都能给我们新的启发。我们在座的大部分老师都是导师,大部分同学都是研究生。所以你们之间的关系都是导师和研究生的关系。但是我们大家想过这个问题没有,导师和研究生究竟是什么关系?我们可能有一点点思考,但是思考有没有这么全面、这么深刻？人与人、脑对脑、心连心、肩并肩、手拉手。（笑声）吴老师前天来，昨天一天的答辩，今天又是答辩。为了庆祝答辩的成功，我稍微喝了点酒，现在都晕晕乎乎的。（笑声）但是在晕晕乎乎的情况下，我都知道这四种关系。（笑声）

吴老师给我们做了全面的讲解，一方面非常感谢，另一方面非常惭愧。我们都是导师，我们都是学生，彼此之间都有关系，但是我们没有思考得这么深刻。对于吴老师所说的他对学生宣布的那几个"不"，作为导师与学生，我们也是这样做的。作为老师，我们坚决不收学生的礼。但是作为朋友的时候，我们不收也没有办法。（笑声）我们有时候怕伤了朋友的心嘛。（笑声）所以就收嘛！开个玩笑。还有一点时间，谁有问题想提问？

听众：

尊敬的吴老师，您讲得真好。（笑声）我还是想从研究的角度来问您这个问题。我们郝老师给您命了这个报告的名，您怎么就能想到从这四个方面来说明您的情感和师生的关系。请吴老师从研究的角度给我们讲一讲，您是怎么梳理思想和情感的？

吴康宁：

这当中一个是事实，另一个是技巧。讲技巧的话有点大言不惭，讲事实的话，因为这么多年来跟研究生接触的过程当中，在这些方面，有大量的成功的经验与失败的教训，你随时可以调用，每个方面都有很多的例子可以举出来。因为时间关系，不能一一列举。在这里，我也不可能讲家常，所以就把它讲得稍微有结构一点，有逻辑一点。

首先想到的是"人与人"，后来突然就有了一种感觉，突然迸发出来一种想法：我能不能从身体的各个部位来讲？这一想然后就对上了，就有了"脑对脑""肩并肩""心连心"。就这么简单吧。首先事实是存在的，是有经验基础的，我想的就是怎么把它归结起来，把它概括一下。而概括就得有一个统一的维度。假如我这里第一点说的是人对人，然后脑对脑，第三个说的是其他的一个维度，不是说身体方面的，那就没有意思了。这无疑是想增加一点所谓美感而已。但事实上，全部概括出来之后，再经过不断地来回修饰，就发现真的是具有比较强的隐喻作用。就是这么一个情况。不是说一开始先拿这个结构，不是这样的。一开始是以其他的方式呈现出来的。比方说，在"人与人"之后，一开始想到的不是"脑对脑"，而是"思想者与思想者的关系"，在此之后是"心连心"。对于"心连心"，起先想到的是一种精神的范畴，但想来想去，最后干脆把所有关系在语词形式上统一起来。这可能多少有点八股的性质，但后来发现还是有一种表述的力量在里面。如果你把它们换成"人与人、思想者与思想者、肩并肩、社会责任者对社会责任者"，那就没意思了。现在这样的语词形式可能比较更好一点吧。

我一直觉得，在公众场合讲这些东西其实是很难的。除非你讲的是一个纯学术的话题，否则还是用一点感性的呈现方式会更好一点。因为，就在这个简单的事实上，也要想到听众也是人，人对纯粹学术的表达其实是很没有耐心的。所以，能不能以一种相对活泼一点、相对诗意一点的方式表述出来。后来考虑的就是效果问题，如果能达到效果与目的的统一，那就更好一点。（掌声）

听众：

吴老师，您好！上次您来的时候，好像也是周日下午。（笑声）不过上次您来的时候大家没有问问题，我觉得这是一个遗憾，所以一定要抓住这个机会。

吴康宁：

你不会有去年的问题吧？（笑声）

听众：

有，有。

吴康宁：

你就完全不考虑我的年龄又长了一岁？（笑声）

听众：

因为我还不是研究生，所以您这次的报告可以说给我们打了一个预防针，让我们以后会更顺利地处理好研究生和导师的关系。

吴康宁：

就是说你本来是有那些念头的,对吧?(笑声)

听众：

您刚才谈到研究生要敢于挑战权威,要怀疑现存,研究生还要有胆量,重要的前提就是研究生必须有资质和资本,不知您做何评论?第二个问题,跟您这次的讲座没有关系,我想问的问题是任何学科都有它自己的研究宗旨,比如说教育社会学,它的学科之眼就是教育公平,那么我们当年的政策呢,都强调重点,都强调比如说好钢要用在刀刃上,有的人说没有重点就没有政策,那么对于政策和教育的公平,应该如何处理这两者之间的关系?谢谢您。

吴康宁：

好,谢谢你的问题。你刚才讲到研究生对导师产生怀疑首先是要有资质和资本的,那么你认为研究生什么时候就有了足够的资质和资本对导师进行质疑呢?什么时候,你觉得?

听众：

我觉得不是什么时候,至少我们不能纯粹为了挑战而挑战,我不能为了让导师下不来台而随意怀疑,不能游谈无根,不能纯粹是为了挑战权威而挑战权威,就像钱学森在离开美国之前他的导师对他说:"你已经超过我了。"我觉得他这样说很有肚量,但是,并不是所有的人都有钱学森那样的资质和资本,至于您说的那个,怎么才算是有那样的资质和资本这个我也想不清楚。(笑声)

吴康宁：

你讲的我部分同意,也就是说研究生不能漫无目的地怀疑,不能什么都怀疑,不能为了挑战而挑战、为了怀疑而怀疑。研究生应当把挑战和怀疑作为自己成长的一个条件。那么,什么时候可以怀疑呢?怀疑应当是什么时候都可以的,但要把这个怀疑作为问题真正提出来,得有足够的支撑。这就需要更多的学习。但是,我并不强调研究生对于一个问题一定要有了很系统的想法,已经搭起了一个很好的逻辑框架,有了一组概念之后,这个时候他觉得有资本了,然后再对导师提出怀疑。不是这样的。我觉得只要他对老师有那么一点怀疑,他觉得这个不对啊,好像不完全是这样啊,这个时候他就可以向老师发问。当然,为了更稳妥一点,他可以先进行一些查询,但查询之后他还是百思不得其解,这时他就可以提问了。

另外,我讲的这个提问、质疑有两种情况。一种是我不明白你到底说什么,我总觉得有一些问题,但是凭我现在的能力还不能解决这个问题,因此我得发问,这个发问本身就有可能使导师下不来台。第二种情况,就是你讲的资本,我已经有了自己的研究,琢磨透了。我觉得问题不是这样的,我能够推翻你导师现有的观点,于是我发问。如果你要完全地讲资质、讲资本,那么在读研三年期间,你可能都不会提出一个对导师质疑的问题来,因为你很难形成你的体系,很难形成你自己的一套东西。我所强调的是,在任何时候只要你有"不对啊"这样的想法的时候,你就可以发问。你不用管他是你的导师,他在学术界已经有了地位,他已经画了一个圆,这个圆大体上还说得过去。你不用管那么多,我所强调的恰恰就是不管是谁在学术上画了一个怎样的圆,我们随时都要准备去冲破它!这个圆总会有一些毛糙的地方。大概是这个意思。

第二个,你讲到学科之眼的问题,是问从教育社会学角度如何处理政策与公平,是不是这个意思?

听众:

没有重点就没有政策,因为政策有一定偏向性。比如说,主要发展什么,优先发展什么,重点发展什么,而我们的教育公平注重大家的公平,这两者之间肯定会存在矛盾之处,我们应该怎样解决两者的矛盾?

吴康宁:

不同的教育阶段都有不同的教育公平,任何国家都是这样。什么意思呢?如果是义务教育阶段,那么,即便是牺牲效率,也要保证教育公平,这是大部分国家的一种做法,一种经验。也就是说,在义务教育阶段,几乎没有重点,在公平这个问题上几乎没有重点。如果说有重点,那就是实现公平、保障公平实现这个重点。这样,如果为了使一部分聪明的学生得到更好发展,而在基础教育体系中建立一种专门学校,让这些英才得到更好教育,那就会在义务教育阶段保障教育公平方面违背现在的一些理念。但这里也有问题,我从去年开始就在想一件事情,什么事情呢?就是说,如果我们的义务教育为了公平而把所有教育条件都一样地分配给每一个学生的话,那些天赋相当好的学生到底怎么办?那些天才儿童到底怎么办?按照道理,一个完美的社会,应当使每一个人的潜能都得到最大程度的发挥,社会应该提供这样一种教育。但是在我们现在的教育公平语境里,这一部分天才儿童是得不到相应的教育的,是受压抑的。从某种意义上讲,这是另一种不公平,这个问题全世界都没有解决好。比如日本,日本的学校在义务教育阶段的条件都一样,大致保障都差不多,如果一个小孩在义务教育阶段的学校里面感到吃不饱,怎么办?那就到校外去寻找适合于他的教育。在日本有很多私立学校,主要分为两种,一种是补课性质的,一种是为了让那些有天赋的儿童的特长得到发挥的。但是,对不起,在义务教育学校里,不可能为天赋很好的学生额外提供更多的条件,来保障他们获得超过其他一般儿童的相应发展。义务教育的学校不提供这些。怎么办呢?它允许社会力量在义务教育学校之外举办各种各样的教育,那些天赋很好的学生便可在义务教育学校之外获得更多的发展。他们在义务教育学校里所学会的,便是怎么跟别人相处,在社会交往方面,在社会性发展方面,在这些方面的发展可以得到保障。义务教育学校在促进有天赋的学生的潜能发挥方面,我始终觉得是一个缺憾,这没有办法。讲白了,义务教育阶段的公平在某种意义上,也是以牺牲天赋极好的那些儿童的发展为代价的。国家的政策是这样的,两害相权取其轻。你想想看,在国家资源还比较有限的情况下,为那些天赋很好的小孩提供更好的教育,而另一些儿童尽管智商可能低一点,天赋条件不一定很好,但却可能因此得不到必要的教育条件,从而完全得不到正常发展。在这种情况下,国家进行权衡的结果就只能是:让所有适龄儿童都进同样的学校!现在的理念就是这样,就是进同样的条件差不多的学校,接受大致相同的教育,来实现共同的发展。这样的伤害面可能小一点。至于那些天赋比较好的儿童,便鼓励他到义务教育学校之外去接受适合于他的教育。大概是这样。因此,这个公平其实是有限定语的,叫"有限公平"。(掌声)

听众:

吴老师,您好!我想问这样一个问题,您现在不仅做学术工作,还做行政工作，我想问一下，您跟您的研究生是如何有效沟通的，以及您希望和您的研究生如何进行有效的沟通？谢谢！

吴康宁：

这个确实是一件比较痛苦的事情。在学校做行政工作对我来讲是一种很大的伤害，因为学校的工作从很多人的角度来讲好像是管人，尤其是在我们社会现在这样的"官本位"体制下，人们会认为你作为校长管人会怎么怎么样。其实，后来发现做这个行政工作，它也是有意义的。为什么呢？你只要是一个正直的人的话，那就是为别人服务。我认为自己是一个不错的研究者，其他人也是不错的研究者，如果所有的不错的研究者都不愿意站出来做些管理工作，都想自己的学术最重要，都要别人为我提供服务，这个社会恐怕也不可能发展得很好。所以，对于行政工作还必须投入精力去做。但是，我刚才讲到我也只有二十四小时啊！因此，所谓学术研究基本上是在节假日，基本上是用业余时间在做。所幸的是再有一两年我也不做行政工作了，那时候可能有更多的精力从事学术研究。因此，你刚才讲的怎么跟学生进行沟通，也就是尽量地挤时间吧。挤时间和学生来交流，通过学术沙龙，通过与学生的交谈来沟通。在这个意义上，是要做一点牺牲的！

主持人：

时间关系，我想大家还有很多问题要提问，但是到此为止。再次感谢吴老师精彩的报告，到此结束！（掌声）

（2010年5月23日，西安）

担任研究生导师意味着什么

各位新硕导、新博导:

大家上午好!

很高兴能参加今天的新上岗研究生导师培训。说实话,我很羡慕大家!按照现在的规定,即便取得研究生导师的资格,也必须经过岗前培训之后,才能指导研究生。没有经过岗前培训,没有拿到培训合格证,就不能上岗指导研究生。想当年,我没有经过岗前培训就指导研究生了,还真的属于无证上岗。(笑声)刚开始的时候,许多事情都不清楚,懵懵懂懂的。所以,很羡慕大家能有这个培训机会。首先,我代表学校向各位新硕导、新博导表示热烈的祝贺!

研究生部要我给大家来讲一讲,说实话,蛮为难的。要讲的话有很多,但短短的半个小时,能讲些什么呢?该怎么讲呢?想来想去,就讲一讲担任研究生导师究竟意味着什么吧。

我不知道在各位的心目当中,担任研究生导师这件事究竟意味着什么。我这个人不太习惯讲太多的大话、假话和空话,我想了一下,在今天这样一个年代里,担任研究生导师这件事从客观上来说,可能至少意味着以下四点。

一、四种意味

第一,担任研究生导师意味着"名头"。

这可以说是不言自明的。一个硕士生导师和一个还不是硕士生导师的副教授,一个博士生导师和一个还不是博士生导师的教授,听起来都是不一样的。我猜想,在座的不少老师会不会从评上硕导或者博导的那天起,就已经重印了名片,添上了"硕导"或者"博导"之类的字样?回想一下当年,真是不好意思,当年我就是这么干的,大家都是这么干的。(笑声)这也很正常,也算是一种实事求是,只不过是一种急不可耐的实事求是。后来有一段时间,我的名片上去掉了"教授"这两个字,但却有"博导"这两个字。为什么呢?原因很简单,因为教授不一定就是博导,但博导肯定是教授,为了节省名片上的空间,就把"教授"这两个字干掉了,而把"博导"留下了。(笑声)

这确实有点可笑,至少在和外国同行交流时,这样的名片是羞于拿出来的。我们知道,在西方国家和日本,大学教师的名片上从来也不会印上"硕导"或者"博导"这样的名头的。原因同样很简单,因为教授、副教授是职称,带有一种"永久性",而硕导、博导只是一种岗位。你在岗带硕士生或者博士生,你就是硕导或者博导,你不在岗带硕士生或者博士生,你就不是。所以,我在和国外同行交流时,递给他们的名片倒是只有"教授"这两个字,而不会有"博导"这个名头的。当然喽,有些老师可能从来也不使用名片,那就另当别论了。如今这个年代,不使用名片的也是大有人在。哪些人不使用呢?农民工不使用名片,因为名片不能给他带来什么。(笑声)胡锦涛也不使用名片,因为他太有名了。(笑声)

各位导师,你们不会因为有了硕导或者博导的名头,而用它来沽名钓誉吧?

第二,担任研究生导师意味着权力。

请注意,我这里说的是"力量"的"力"的那个"权力",而不是"利益"的"利"的那个"权利"。

因为你是硕导或者博导了,所以,你在硕士生或博士生的招生中也就拥有了一份相应的权力。你可能会参加硕士生或博士生入学考试的命题,于是你就有了决定研究生入学考试难易程度的权力;你会参加硕士生或者博士生入学考试的复试,也就是面试,于是你就有了给考生的复试表现打分的权力。也就是说,你手中的这份权力,在相当程度上决定着真正符合条件的考生能否通过考试、实现进一步深造的梦想。

不用说,因为你是硕导或者博导了,所以,你在硕士生或博士生的培养过程中也就拥有了一份相应的权力。我一直主张,由于研究生培养的主要责任毕竟是要导师去承担的,因此在研究生培养的过程中,导师应当拥有充分的自主权。当然,这是要在符合国家和学校关于研究生培养工作的相关规定的前提下。这样的话,对于你所指导的硕士生或博士生,你就有权决定他的学位论文开题报告是不是符合要求、能不能提交审查;你就有权决定他的学位论文是不是达到质量标准,能不能提交评审、进入答辩。也就是说,你手中的这份权力,在相当程度上决定着你所指导的研究生能不能以及什么时候能正常毕业、获得学位。

而且,因为你是硕导或者博导了,所以,你在相关的评审活动和决策工作中也就拥有了一份相应的权力。你可能会比过去有更多的机会被邀请参加和研究生有关的一些评审活动,比如评项目啦、评课题啦、评奖啦、评优秀研究生啦、评奖学金啦,等等,于是你就有了在一定程度上决定这些项目、课题、奖项等等能不能通过或者能获得怎样的等级的权力。你可能会比过去有更多的机会参与你所在的学科、学位点的建设及发展工作的讨论和决策,于是你就在一定程度上拥有了决定学科、学位点发展的方向、重点及人员和经费安排的权力。

各位导师,你们不会因为有了刚才所说的这些权力,而来一些不正之风吧?(笑声)

第三，担任研究生导师意味着利益。

这也是毫无疑问的。别的不谈，就拿收入来说吧，在我们学校的岗位津贴表上，一个硕导的岗位津贴当然比还不是硕导的副教授要高一些，一个博导的岗位津贴当然比还不是博导的教授要高一些。再比如，因为你是硕导、博导，其他人、其他单位、其他地区可能会比以前更多地请你参加一些学术研讨活动、座谈咨询活动、考察检查活动以及刚才提到的项目评审活动，请你帮忙做一些专业性的事情。而这些活动、这些事情中的绝大部分都不会是什么义务劳动、无偿奉献，多少还是有一些报酬的。

各位导师，你们不会对这些本来没有，但因为担任了硕导或者博导之后而会增加的利益也十分介意吧？（笑声）

第四，担任研究生导师意味着责任。

前面讲的名头啦、权力啦、利益啊等等，对于担任研究生导师来讲都是添加性的，都是些所谓"好处"。我这个人讲话不习惯弯弯绕，不喜欢藏着掖着。我想，如果没有这些"好处"，在座各位恐怕未必都会去申报硕导、博导吧？

不过，上帝从来都是公平的，老天不可能让任何人都只有获取，而无需付出。你因为担任研究生导师所能得到的上面的这些"好处"，是要通过你履行作为一个研究生导师所必须履行的责任来"偿还"的。或者，讲得更直白一点，是要通过你履行作为一个研究生导师所必须履行的责任来"交换"的。大家不会觉得我这样讲有点"赤裸裸"吧？我们需要知道的是，担任研究生导师除了意味着上面所说的名声、权力、利益之外，还意味着什么？

我想，不用我说，想必各位也一定是心知肚明：担任研究生导师，绝不仅仅意味着我们因此而能添加更好的名头，绝不仅仅意味着我们因此而可拥有更多的权力，也绝不仅仅意味着我们因此而会获得更多的利益，而是同时也意味着"责任"，意味着我们因此而负有无法逃避、无法推脱的一份责任！

研究生到我们的门下来攻读学位，也就意味着他们在相当程度上把自己的成长和发展托付给了我们，意味着他们的父母在相当程度上把家庭的希望托付给了我们，意味着学校在相当程度上把更好地发展研究生教育、更多地培养高层次人才的现实重担托付给了我们,意味着国家在相当程度上把实现人才强国和民族复兴的历史重任托付给了我们。

也正是在这个意义上,我们这些研究生导师的工作便同研究生个人的命运、同他们家庭的命运、同南京师大这所百年老校的命运、同国家的命运紧紧联系在了一起。可以说,这些命运在相当程度上确实掌控在我们这些硕导、博导的手中。

那么,在上面所说的担任研究生导师的四种意涵当中,我们应当最介意、最看重的是哪一种呢?是作为名头之主人的研究生导师呢?还是作为权力之象征的研究生导师呢?还是作为利益之工具的研究生导师呢?还是作为责任之担当的研究生导师呢?

答案也是不言自明的,我们最应当介意、最应该看重的,是作为责任之担当的研究生导师。我想,大家肯定也会选择这样的答案。对于名头,当然是可以博取的;对于权力,当然也是可以争取的;对于利益,当然更是可以获取的。这些都是合理的、正当的,甚至可以说是天经地义的。但是,比这些更重要的是,对于责任,也是必须要担当的。只讲责任,对于名头、权力、利益等等完全地不思不想,这虽然是一种高尚的境界,但对于我们这些普通人来说,恐怕并不现实,因为很难真正做到。但如果只关注名头、权力和利益,对于应负责任却视而不见、听而不闻,那就很不地道了,甚至有点——请允许我用一个词——"无耻"了。

因此,我们必须敬业、必须努力,必须把我们所指导的研究生培养成合格的高层次人才。如果我们不敬业、不努力,如果我们指导的研究生都是些次品、废品的话,那么,我们因为担任研究生导师而享有的名头也就徒有其表;我们因为担任研究生导师而得到的权力也就等于被误用了、滥用了;我们因为担任研究生导师而获取的利益,也就类似于巧取豪夺。大家会不会觉得我这样讲有点危言耸听?但这些现象却也是在我们的一些老硕导、老博导身上已经发生了的或正在发生着的不幸事实。这些老硕导、老博导们由于没有能够很好地担当起作为一个研究生导师所应担负的责任,结果是大大地辜负了自己的名头,大大地弱化了自己的权力,同时也大大地影响了自己的利益。我希望,这样的现象在我们各位新导师身上不至于重演。

二、教书育人

其实,要保证不重演也很简单。我觉得,只要做到人们通常所说的似乎已成为一种套话的那四个字就可以了。这就是:教书育人。

作为研究生导师,我们当然不能不"教书"。不过,和中小学老师有所不同,同时也和大学本科老师有所不同的是,研究生导师对研究生进行的所谓"教书"中的"书",其实主要并不是那些书的内容本身,而是那些书所得以产生出来的那些支撑性的、魂灵性的东西。这种支撑性的、魂灵性的东西是什么呢?它包括探寻真理的精神,包括追求超越的欲望,包括异想天开的想象,包括严谨灵活的思维,包括科学合理的方法,等等。而研究生导师对研究生进行的所谓"教书"中的"教",主要就是在这些方面给予的指导。

说实话,在今天这样一个信息化的时代,不要说研究生了,就是本科生、高中生,甚至初中生、小学生,哪怕是幼儿园的儿童,他们在某一方面的知识上都有可能比老师懂得多一点。所谓"师不如生",已经成为一种越来越常见的现象。这是我们这个时代和过去时代的一个重要区别。所以,作为研究生导师的"教书",主要任务也就真的不在于传授知识本身了,而是要锤炼他们的求真精神、强化他们的超越欲望、提升他们的想象能力、改善他们的思维品质、优化他们的研究方法。我们只有在这些方面做到了,而且做得很好,那么,我们的研究生才有可能真正佩服我们。在他们心中的那杆秤上,我们才有可能占有足够的分量。

作为研究生导师,我们还得"育人"。而且,从某种意义上讲,育人确实比教书更重要,同时也更艰难。尤其是在今天这样一个功利主义当道、浮躁之风盛行的年代里,育人的工作更是难上加难。当下的这个年代真的有点像英国著名作家狄更斯在他的那本名著《双城计》的一开头所说的那样:"这是最好的时代,这是最坏的时代;这是智慧的时代,这是愚蠢的时代;这是信仰的时期,这是怀疑的时期;这是光明的季节,这是黑暗的季节;这是希望之春,这是失望之冬;人们面前有着各样事物,人们面前一无所有;人们正在直登天堂,人们正在直下地狱。"在这样一个年代里，育人谈何容易！

刚才我谈到，"对于名声，当然是可以博取的；对于权力，当然也是可以争取的；对于利益，当然更是可以获取的。"说实话，既然我们研究生导师自己都可以去博取名声、争取权力、获取利益，那么，又有什么理由禁止我们的研究生也去博取名声、争取权力、获取利益。事实上，想禁止也禁止不了，尤其是在如今这样一种社会境况中。但是，作为研究生导师，作为承担"育人"责任的导师，我们还是有责任引导我们的研究生对于名、对于权、对于利的争取要限定在法律、制度和规则所允许的范围内，而且不要昧着良心和道德。如果在这方面不担负起责任的话，也就是说，如果不能很好地"育人"的话，那么，在"教书"方面做得再好，也不是一个合格的研究生导师。导师、导师，它的含义不只是"学问指导之师"，而且也是"人生引导之师"，两者缺一不可。而且，人生引导之师应该为先。

如果要求再高一点的话，那么，作为研究生导师，我们也有责任引导我们的研究生尽可能超脱一点、尽可能大度一点、尽可能豁达一点。不过，这倒是说到容易做到难的。因为，要做到这一点，要想这方面的引导能够让研究生心服口服，关键在于我们这些研究生导师自己在对于名、权、利的争取方面，在做人、在学术规范的遵守等等方面要作出表率来。坦率地说，在这些方面，我们有些老硕导、老博导是做得不够好的，他们所指导的研究生对于他们的这些方面也是颇有微词。我一直认为，研究生身上出现的许多问题，并不都是导师的责任，不能把所有的板子都打在导师身上。但另一方面，我也坚持认为，研究生身上所出现的不少问题，很难说和他的导师就完全没有干系。

因此，我们一定要敬业、敬业、再敬业，一定要努力、努力、再努力。我相信大家也一定会敬业、一定会努力的；相信大家一定会成为一名合格的导师、一名称职的导师、一名优秀的导师；相信大家一定能把我们的研究生培养成对他自己、对他的家庭、对你们导师、对我们学校、对我们国家真正有用的人。

谢谢！

(2007年10月26日，南京)

如何当好学科带头人

各位老师、各位领导：

　　学科带头人是师资队伍中的一个重要角色，一支学科队伍敬业不敬业、团结不团结、成果多不多、潜力大不大，自然同其每一个成员的自身素质有密切联系，但也同学科带头人的素质与状态有极大干系。说实话，在担任学科带头人方面，我真是没什么经验好谈，只不过是在对其他学科带头人的工作进行观察的过程中有些这样那样的感觉，在自己作为学科带头人而进行学科建设组织工作的过程中，也确实有一些酸甜苦辣的感悟，而且也觉得在学科建设受到空前的、普遍的重视的今天，再认识一下充当一个学科带头人究竟意味着什么、究竟需要注意些什么问题，恐怕还是有它的意义的。一个优秀的学术研究者，未必就能成为一个优秀的学科带头人，个人做研究与带领一支队伍进行学科建设毕竟不是一回事。因此，也就愿意在这里谈一些体会，以求教于大家。

　　我觉得，对于一个学科带头人来说，从他承担这个角色的那天起，也就意味着他是一个统领者、用贤者、掌权者及服务者了。这些意涵向学科带头人提出了一些必须具备的关键条件。

一、统领者与战略眼光

学科带头人是一个统领者,他要统领整个学科正确、高效且健康地发展。而作为统领者来说,他首先必须具备一种战略眼光。他要审时度势、抓大放小、循序渐进,确立学科发展的长期、中期及近期发展目标。这种战略眼光至少可从两个层面上来理解。

1. 对于学科发展总体趋势的把握。一个学科要想发展得好、不走弯路,要想在国内同类学科中占有较高的或不可替代的地位,首先要真正弄清学科发展的总体趋势,要真正弄清学科发展的空白领域、前沿领域、攻坚领域。这是因为,对于任何一个想有所作为的学科来说,尤其是对于一个已有一定基础、已有一定地位的学科来说,不填补空白不行,不占领前沿不行,不打攻坚战不行。作为一个学科带头人,应该比谁都更清楚对于本学科的发展来说,真正有价值的空白地带在哪里,真正属于前沿性的领域是什么,真正需要攻坚的课题有哪些。

2. 对于校际竞争格局的把握。学科发展的趋势是一个客观的东西,对谁来讲都一样,不可能因学校而异。但任何一个学校的学科都不可能按照学科发展的趋势来全面建设学科的所有领域,尤其是对于我们这样的一级学科总体实力总是位于华东师大与北京师大这两个"超级大国"之后的院校来讲,更是如此。因此,作为学科带头人,必须牢牢把握国内各高校在本学科的建设与发展上的优势与特色,紧紧盯住该学科的整个"大蛋糕"中我们可以获取的那一块,在人无我有、人有我强、人强我特上把文章做足、做好。

这里的一个特别重要的问题是,在当今校际学科竞争日趋激烈的情况下,学科建设确实有点像逆水行舟,不进则退。因此,人无我有、人有我强、人强我特这样一篇文章就不是能一挥而就、一劳永逸的了,它需要我们付出长期的努力,需要我们去持续地进取。这就要求学科带头人必须居安思危、警钟长鸣,始终保持一种忧患意识,经常想到人家也在发展,经常看到"狼来了""狼又来了",不断反思本学科的发展战略与策略,不断寻觅本学科发展的新的机遇。正是由于有了这种对于校际竞争格局的把握,因此,我们"教育学原理"学科的三个主要研究方向——教育基本理论、教育社会学及德育原理,这些年来在国内同类学科的竞争中始终处于不败之地。

战略眼光主要便是在对于上述两个层面的准确把握的基础上形成的,有了这种战略眼光,才有可能制定正确的学科发展战略,才有可能按照这种发展战略去引进人、选留人,有意识地形成本学科的特定学术结构。战略眼光对于我们这样的省属院校来说,应当说比部属重点院校更为重要。从某种意义上来说,统领一个学科进行建设,其实也就是率领学术共同体进行一种"学科博弈"。

二、用贤者与宽广胸怀

在我看来,一个好的学科带头人,自己在学术上强固然重要,但更重要的是,他要能使整个学科队伍中的成员由弱变强、由强更强,这样才能推动学科不断攀升新的高峰。学科的发展不是学科带头人单枪匹马所能完成的,而是整个队伍浴汗奋战的结果。不是个人创造历史,而是群雄创造历史。毛泽东曾经说过:"正确的政治路线确定之后,干部就是决定的因素。"对于一个学科的发展来说,又何尝不是如此?学科发展的大方向确定之后,关键的事情便是调动与发挥各主要学术带头人与学术骨干的作用。在这个意义上,学科带头人便成了一个用贤者。

作为用贤者的学科带头人,要害的问题在于他是否具有宽广的胸怀。这主要体现在两个方面。

一是敢不敢用贤者,尤其是敢不敢用比自己年轻、比自己更有潜力的学术人才的问题。在一段时间里,曾经有这样一种倾向:一些领导与学科带头人只引进只使用层次在自己之下、水平在自己之下的人,对于一些重要的信息、机会、项目等,不是采取公开、公平与公正的方式来处理,而是多半进行"暗箱操作"。结果是外面的贤者进不来，里面的贤者"花"不开，影响了学科的可持续发展。

近年来我们克服了这一倾向，为了学科的发展，确实是求贤若渴。一方面想方设法引进高层次人才，引进学术上比自己强的或至少不比自己弱的人才；另一方面，对于学科建设的所有事项，都采取公开、公平与公正的方式，让所有学科成员都有争取更好发展的机会，让真正的贤者、真正的有才之士有可能较快地成功、成名。倘若说如今的学科建设工作确实在某些方面客观上也同"名"和"利"相关联，那么，在这个意义上，也仅仅是在这个意义上，一个嫉贤妒才、胸襟狭窄的学科带头人其实也是在维持他自己的"名利霸权"，而一个求贤若渴、胸怀宽广的学科带头人则是在实行"名利共享"。

二是能不能听得进不同意见。学科带头人必须是学术上的强者，这是不用说的，但这并不意味着在学科发展的方向性问题上乃至日常运行中，一切都可由学科带头人说了算。当然，从制度上来说，作为一个学科的第一责任人，学科带头人最终拥有拍板的权力，而且也应当拥有拍板权。你既要学科带头人负责，但在许多问题上又不让学科带头人拍板，这可能是影响学科带头人工作积极性、影响学科建设工作效率的一个重要原因。但问题是，在实际的工作过程中，学科带头人自己则是万万不能总是有"我拍板"的意识和行为的。学科不是部队、不是机关、也不是企业，而是一个学术共同体。学科带头人不是司令、不是处长、也不是老板，而是这个学术共同体的协调人。而且，在这个学术共同体中，学术上的强者不会就只有你一个。因此，你必须尽可能发扬民主，尽可能集中大家的智慧，尽可能调动所有成员的积极性。所有这一切，都要求学科带头人必须学会倾听，尤其是要勇于倾听不同意见，善于从这些不同意见中来反思自身、吸收滋养。这真是要做到虚怀若谷了。我们不能做一个浑身小家子气的学科带头人，而应做一个有风度的、大气的学科带头人。

三、掌权者与公正原则

学科带头人虽然不带一个"长"字,但却也握有一些权力。对于这些权力的使用,公正是其首要原则。而在世风日下的今天,学科带头人一不小心,还是很容易"滥用"职权的。学科带头人所掌握的的权力至少有两种。

1. 学术决定权。学术决定权不只在院"学术委员会",不可能凡事均由学术委员会开会决定。现在,找人开会也越来越难了。事实上,若真要发挥学科带头人的作用的话,有关某一学科的与学术有关的事宜,都必须征得学科带头人的同意或就让学科带头人决定,而不是由院党政联席会议或学术委员会大包大揽,事实上也包揽不了。譬如,对某学科的发展方向与学术结构的决策,对应聘的学术带头人与学术骨干的业务判断,对涉及按学科推荐申报课题与报奖的人员的学术评价等等。学科带头人就握有这样的一些学术决定权。

2. 费用审批权。随着学科建设经费的逐渐增多,学科带头人可以批准使用的经费也逐渐增多。尽管现在使用学科建设经费都必须先制订使用计划、必须按计划用钱,但在具体执行过程中,有时是很难完全到位的,学科带头人也好、分管院长也好,都不可能在任何时候都对照那一纸经费使用计划来审批学科成员拿来报销的每一张发票。这样一来,便会经常出现这笔钱可不可以这样用,这种额度的费用谁可以报、谁不可以报之类的问题。这里面还是很容易滋生出一些事端、发生一些故事的。

为此,我们的做法是,在制定了一个比较合理的经费使用计划与审批规则之后,便严守使用计划与审批规则。首先是不利用权力为自己用钱开方便之门;其次是不利用权力在费用审批问题上因资历与关系来区别对待;第三是对于一些确实是在经费使用计划之外,且违反审批规则来使用学科建设经费的成员,不仅不开绿灯,而且予以明确的批评,目的在于使得费用审批的过程不仅是一个廉洁、公平的过程,而且也是学科成员的规则意识与良好精神面貌不断形成的过程。

四、服务者与奉献精神

学科带头人既然是统领者、用贤者、掌权者与当家者,那自然也就可以称得上是一个领导者,尽管他是一个不同于带"长"字的行政领导的特殊领导。"领导就是服务",邓小平的这句话一点也没错。而在利己主义在很大程度上已成了当今中国社会的一种主流精神的境况中,要做一个称职的服务者,确实是需要有一点奉献精神的。

别的不说,就说那些没完没了地应付各种申报、检查、验收、评估的过程,那简直就是一个"受苦受难"的过程。它要耗去你很多的确实可以称得上是"宝贵时间"的时间。因此,你首先得把时间与精力奉献出来,对于一个做学问的人而言,还有什么比时间与精力更重要呢?

不仅如此,更重要的是对于学科发展的方向、结构、队伍建设、经费争取等问题,乃至对于学科内部的矛盾与纠纷等琐事,作为一个负责的学科带头人,也不能不经常地去思考、去琢磨、去交谈。这就不只是耗费时间与精力的问题了,你还得把智力与心力奉献出来。因此,学科带头人实在是一个既费时又伤神,还常常吃力不讨好的差事。自从被套上"学科带头人"这一头衔的那天起,也就意味着奉献的开始、"磨难"的开始。

当然,学校对于学科带头人还是很关心的,在政策上给予了许多考虑,主要有三个方面,一是允许配助手,二是给学术休假,三是在评岗位津贴时设定相应档次。对于这些考虑,我们确实很感谢,但同时也不得不说,这三点其实都很难完全落实到位。

首先,你配不到称职的秘书。倘若学科带头人的助手是个行政人员性质的秘书,那他根本无法完成专业色彩很浓的立项申请书、结项或验收申请书等文字材料的准备,因为要写好这些材料必须对学科建设的框架与精髓有比较到位的了解与理解。有的同志可能会说:先让秘书写,然后你再改,不行吗?谁都知道,修改一份写得不到位的东西,通常比自己写要费力得多,不如自己写算了,反而要快些。还有的同志会说,你写个草稿,让秘书录入电脑不就行了吗？问题是我们现在都是在用电脑写东西的，写草稿的过程也就是电脑录入的过程。因此，秘书在写专业文字材料方面实在是派不上多大用场。倘若这个学科带头人的助手本身就是个学科成员，是个博士、讲师或副教授什么的，那么，他经过一段时间的实际磨练，也许可以把需要有较好学科素养的学科带头人助手的工作干好，但既然是个专业人员，那人家同样也有出成果、继续升职称等等一系列的问题，在几乎完全用数目化方式（项目多少个、论文多少篇、获奖多少项）来评价人、管理人的今天，让专业人员把许多时间耗费在秘书杂务上，岂不真是耽误了人家！算了，你还是自己干吧，你就认倒霉吧。所以，每当院里的一些同志或学校领导对我说"这些杂事你让秘书干不就得了，干嘛都得亲自动手呀"之类的好心话时，我都只能苦笑，一笑了之。在实际的学科建设过程中，许多事让秘书干的结果是，到头来你不得不经常成了秘书的秘书、助手的助手、杂役的杂役，那还不如干脆自己直接当秘书、当助手、当杂役了。因此，"学科带头人"这五个字有时也只是说得好听点，所谓学科带头人，在我看来，用北京人的口气来说，其实也就一秘书、也就一助手、也就一杂役。你清醒点吧你！你还有什么可摆谱的？相信在座的许多学科带头人都有这个体会。

其次，你哪有时间去学术休假？学科建设上那么多的非开不可的会议，那么多的非处理不可的事情，你怎么能走得开、怎么能休得起来？尤其是对于我们这样缺编几近二分之一的单位来说，许多教师都在超负荷工作，你又怎么好意思走开、怎么好意思休假？你拉倒吧你！你小车不倒只管推吧你！

第三，你很可能做不出本来不当学科带头人时所能作出的足够成果来完成岗位职责所规定的学术任务，因为你缺少时间与精力。大家都是博导或硕导，都可以申报相应的教学科研岗，都必须提交足够数量的成果。但学科带头人要在学科建设方面投入许多时间与精力、智力与心力，这就难免要影响到他在自己的教学与科研活动方面的精力投入及取得相应成果。怎么办呢？你自己看着办。既然做了学科带头人，那就必须奉献了。总不能顶着个学科带头人的虚名吧。

上述四方面意涵与要件缺一不可。留心一点的老师会发现，这四方面内涵都是学术水平之外的东西。所以,我今天并不强调学术水平本身,学术水平是充当学科带头人的不言自明的必要条件。学术上的强者有的是,但真正能充任学科带头人的恐怕不会有很多。因此,衡量一个学科带头人的标准,绝不仅仅是学术水平。由于学科带头人要带领整个学科由弱到强、由强更强,因此,在充当一个学科带头人的必要条件中,比个人学术水平更重要的,其实是与学术事宜有关的管理能力与人格品质。学科带头人是一项需要用心去做的工作,需要有一种境界。这样来反思自己的学科带头人工作,只能说还算比较努力,但离应有的境界确实还相距很远,唯有继续努力。

(2001年11月29日,南京)